Gabriele Stöger / Hans Stöger

Gute Verkäufer machen es sich leicht

Gabriele Stöger / Hans Stöger

Gute Verkäufer machen es sich leicht

Besser verkaufen mit Menschenkenntnis

orell füssli Verlag AG

www.ofv.ch

Umschlagabbildung: gettyimages (Matthias Clamer)
Umschlaggestaltung: cosmic Werbeagentur, Bern
Druck: fgb • freiburger graphische betriebe, Freiburg i. Brsg.
Printed in Germany

ISBN 3-280-05121-5

Bibliografische Information der Deutschen Bibliothek
Die Deutsche Bibliothek verzeichnet diese Publikation in der Deutschen Nationalbibliografie; detaillierte bibliografische Daten sind im Internet über http://dnb.ddb.de abrufbar.

Inhalt

Vorwort von der Härte im Verkauf

«Wichtige Dinge nur halb zu tun ist nahezu wertlos; denn meistens ist es die andere Hälfte, die zählt.»
EMIL OESCH

Verkaufen ist hart. Verkäufer sein ist so ziemlich der härteste und schwierigste Beruf, den man sich vorstellen kann.

Es ist schon hart genug, jeden Tag die diversen Respektlosigkeiten der Kunden, ihre Anspruchsmentalität, die Einwände, ihre fachliche Ignoranz und die ständige Preisdrückerei zu ertragen und dabei auch noch Umsatzziele erreichen zu müssen, die nach menschlichem Ermessen unerreichbar sind. Doch seit in vielen Branchen die Konjunktur schwächelt und der Preis immer mehr verfällt, seit die globale Konkurrenz reihenweise heimischen Unternehmen das Licht ausbläst, seither ist Verkaufen die Härte pur, die Eiger-Nordwand des Berufslebens, der Survival-Trip des modernen Kapitalismus.

«In diesen harten Zeiten», peitschen derzeit viele Unternehmer und Verkaufsleiter ihre Sales Force unbarmherzig an, «müssen die Verkäufer eben noch härter ran!» Klingt einleuchtend? Stimmt, und mancher verunsicherte Verkäufer, der in nackter Existenzangst um seinen Job bangt, glaubt das auch und presst das Letzte aus sich heraus. Dabei ist das Rezept nicht nur grottenfalsch, sondern auch völlig kontraproduktiv. Wer sich noch mehr anstrengt, macht nicht unbedingt noch mehr Umsatz. Er verausgabt sich bloß mehr. Es ist gerade umgekehrt: Wer es sich in diesen schweren Zeiten *leichter* macht, macht mehr Umsatz!

Den Beweis liefern hart arbeitende Verkäufer (der Einfachheit halber wird im Folgenden zwar meist nur ein Geschlecht genannt, immer aber sind beide gemeint) jeden Tag: Selbst härteste Aquisitionsversuche können an der Kauf- und Investitionszurückhaltung der meisten Kunden nichts oder nur lächerlich wenig ändern. Haben Sie sich nicht auch schon gewundert, warum Sie oder Ihre Verkäufer trotz schärfsten Einsatzes so wenig bewegen? Es liegt nicht daran, dass Sie sich immer noch nicht stark genug anstrengen. Es liegt schlicht daran, dass noch mehr Anstrengung zunehmend weniger bringt.

Um das zu erkennen, brauchen Sie nur auf die zehn bis zwanzig Prozent Superverkäufer in jeder Branche und jedem Unternehmen zu schauen. Was einen angesichts dieser Frauen und Männer vor Neid fast platzen lässt, sind nicht so sehr ihre herausragenden Verkaufszahlen, sondern vielmehr die unverschämte Leichtigkeit, die spielerische Eleganz, das ausgesprochene Fehlen jeglicher übertriebenen Anstrengung, mit denen diese Meisterverkäufer ihre Umsatzzahlen einfahren und dabei auch noch hoch zufriedene Kunden hinterlassen.

Was wissen die, was wir nicht wissen? Eigentlich nur eines: Im Verkauf lohnt es sich nicht, halbe Sachen zu machen. Denn meist ist es die andere Hälfte, auf die es ankommt, wie ein großer Schweizer Denker und Geschäftsmann es einmal formulierte. Die meisten Verkäufer machen (unbewusst!) halbe Sachen, deshalb ernten sie auch nur den halben Erfolg: Sie verkaufen über ihre Fachkompetenz, mit viel Fleiß, Engagement und Gründlichkeit. Diese Tugenden sind eminent wichtig – aber sie machen eben nur eine Hälfte des Erfolges aus.

Wie Verkaufsstudien zeigen, sind selbst im Investitionsgüterbereich nur 20 Prozent der Kaufentscheidung sachlich, die überwiegenden 80 Prozent dagegen menschlich motiviert. Leider verkaufen die meisten Verkäufer genau verkehrt herum: 80 Prozent Fachkenntnis und Fleiß, 20 Prozent Menschenkenntnis. Sie sind (fachlich) bestens vorbereitet, strengen sich furchtbar an – und kommen trotzdem nicht auf ihre Zahlen. Die ganze Anstrengung nützt nämlich nichts, wenn die andere Hälfte, wenn die Menschenkenntnis fehlt.

Heißt das, dass Sie von nun an «mit dem Kunden schmusen müssen», wie ein Verkäufer das einmal bezeichnete? Nein, das verwechseln Amateure zwar oft mit Menschenkenntnis, doch es hat rein gar nichts damit zu tun. Menschenkenntnis heißt ganz einfach: Wissen, wie der Kunde tickt, auf welche Informationen er anspringt, auf welche Knöpfe Sie bei ihm drücken müssen und welche Sprüche Sie tunlichst unterlassen sollten, damit er ruckzuck unterschreibt. Diese Knöpfe gibt es. Wer weiß, wo sie sitzen, macht ohne jede Anstrengung schnell und leicht Rekordumsätze.

Sind Sie bereit, es sich leicht zu machen?

1. Das bringt Umsatz: Wissen, wie der Kunde tickt

«Das Schicksal des Menschen ist der Mensch.»
BERTOLT BRECHT

Wo liegt der Fehler?

Verkäufer haben zu Unrecht einen schlechten Ruf. Natürlich gibt es in jeder Branche einige schwarze Schafe, natürlich haben etliche Einzelhandelsverkäufer auf dem flachen Lande weder Kompetenz noch Interesse an ihrem Job oder ihren Kunden. Doch die weitaus meisten Verkäufer machen ihrem Stand alle Ehre, sind fleißig, engagiert – und vor allem wissbegierig.

Jeder gute Verkäufer, jede gute Verkäuferin will irgendwann wissen, warum es mit dem Umsatz trotz aller Anstrengung nicht richtig vorangeht. Klar, die Konjunktur ist mies, die Kaufzurückhaltung groß und die Konkurrenz erdrückend. Doch diese drei kontraproduktiven K sind für Verkäufer mit Köpfchen nur kommode Ausreden. Sie wissen, dass es Kolleginnen und Kollegen gibt, die trotz der drei K hervorragende Umsätze machen. Und sie fragen sich, warum sie selbst das nicht schaffen oder sich so furchtbar anstrengen müssen. Mit diesem Wissensdurst kommen sie zu uns ins Coaching oder Training und fragen:

- «Am Mittwoch haut meine Produktpräsentation den einen Kunden aus den Socken, während zwei Tage später dieselbe Präsentation den anderen Kunden kalt lässt. Wie ist das möglich?»
- «Warum kann ich bei bestimmten Zielgruppen einfach nicht landen, so sehr ich mich auch anstrenge?»

- «Mit einigen Kunden komme ich glänzend klar, mit andern überhaupt nicht oder nur nach Bewältigung von vielen Einwänden. Das kann doch nicht sein! Das Angebot ist dasselbe, meine Argumentation ist dieselbe – also woran liegt 's?»
- «Bei bestimmten Zielgruppen verkaufe ich so gut wie nichts oder nur, wenn ich mir einen abbreche. Warum?»

Der Kunde macht den Unterschied

Woran liegt 's? Vielleicht sind Sie schon beim Lesen der Verkäuferzitate auf das Naheliegende gekommen: Wenn das Angebot dasselbe bleibt, die Präsentation dieselbe ist, sich auch an der Argumentation nichts ändert, und trotzdem Kunden unterschiedlich reagieren, dann kann es weder an Angebot noch an Präsentation oder Argumentation liegen, sondern nur an der einzigen verbleibenden Variablen der Gleichung: dem Kunden. Der Kunde ist das Einzige, was sich geändert hat. Also kann 's nur an ihm liegen!

Sie halten diese Schlussfolgerung für trivial? Das ist sie. Jeder gute Verkäufer kommt irgendwann zu diesem Schluss. Der Kunde ist ganz offensichtlich kaufentscheidend. Was viele jedoch nicht wissen: Was ist der Unterschied zwischen Kunden, der den Unterschied zwischen Abschluss und Flop ausmacht? Betrachten wir ein Fallbeispiel aus unserer Coachingpraxis.

Fahrendes Fallbeispiel

Peter ist Spitzenverkäufer eines Nobel-Radhauses im Süden Deutschlands, das sich auf maßgeschneiderte Mountainbikes spezialisiert hat. Die Einstiegspreise liegen bei 1000 Euro, Räder für 3000 Euro sind keine Seltenheit. Die Kunden sind Bike-Fanatiker, Schrauber, Bastler und Tüftler, die jeden Zahnkranz am Rad mit Vornamen kennen. Eines späten Nachmittags berät Peter einen Erstkunden, Zahnarzt, Big Money, der mit Frau und zwei Kindern 30 Kilometer angereist ist, um die

Familie mit dem Besten, was es am Berg gibt, auszustatten. Peter überschlägt kurz seine möglichen Erträge und kriegt feuchte Hände: Er rechnet mit mindestens 10 000 Euro Kaufsumme innerhalb einer Stunde Beratung. Kein schlechter Stundensatz! Peter startet sein übliches Spiel und erklärt die Topausstattung der Räder von den vierfach gekolbten Scheibenbremsen über das Fully-Federsystem bis zum ergonomischen Triathlon-Lenker. Nach 90 Minuten Beratung steht ihm der Schweiß auf der Stirn: Irgendwie haut es heute nicht hin! Der Zahnarzt ist immer noch unentschlossen. 10 000 Euro sind in Gefahr! Ausgerechnet da kommt ihm ein Anruf eines wichtigen Lieferanten dazwischen, er muss ans Telefon, die Kollegin von der Kasse übernimmt – und macht den Deal innerhalb der nächsten fünf Minuten perfekt! Peter ist verblüfft und stinksauer.

Den Kunden durchschauen

Wäre Peter nur ein durchschnittlicher Verkäufer, würde er seinen Ärger runterschlucken, die fetteste Provision der Woche kassieren und denken: «Blindes Huhn findet auch mal ein Korn. Ich habe den Kunden 90 Minuten weich gekocht, da musste die Kollegin bloß noch abschließen.»

Oder er würde denken: «Da werd mal einer schlau aus diesen dämlichen Kunden!» Durchschnittsverkäufer haben oft keine Ahnung davon, woran es liegt, wenn ein Kundengespräch nicht so läuft, wie es laufen soll. Vor allem: Die meisten wollen es auch nicht wissen. Diese mangelnde Neugier verhindert, dass sie besser verkaufen.

Peter dagegen ist noch sehr neugierig, obwohl er den Job schon mehr als zehn Jahre macht. Er fragt die Kollegin ohne jeden falschen Stolz: «Gratuliere, Birgit, wie hast du das denn gemacht?» Birgit sagt: «Du, dem war schlicht langweilig. Der wollte die ganzen technischen Details nicht wissen. Der wollte bloß das Beste für seine Familie und mächtig viel Geld dafür ausgeben, damit er vor den Nachbarn angeben kann.»

Was hat Birgit gemacht? Sie hat den Kunden durchschaut, als ob sie eine Röntgenbrille hätte. Das nennt man Menschenkenntnis. Der Lohn der Menschenkenntnis: Sofort-Abschluss. Warum? Weil sie mit ihrer Menschenkenntnis auf Anhieb den Knopf entdeckt, auf den sie bei diesem speziellen Kunden drücken muss, um umgehend den Abschluss auszulösen: Prestige.

Das Patentrezept ist tot

Wäre Peter ein Durchschnittsverkäufer, würde er aus dem Vorfall lernen: «Wenn demnächst wieder ein reicher Zahnarzt kommt, verkaufe ich gleich auf Prestige!» Was aber, wenn ein reicher Zahnarzt kommt, der seit 30 Jahren Rad fährt und in seiner Werkstatt selbst am «Bock» herumschraubt? Dann haut das Patentrezept wieder nicht hin! Genau das ist der Unterschied zwischen mittelmäßigen und Spitzenverkäufern:

Spitzenverkäufer brauchen kein Patentrezept.

Spitzenverkäufer haben sogar ein tiefes Misstrauen gegen Patentrezepte. Wenn ein Verkäufer nach einem Patentrezept sucht, können Sie sicher sein, dass er auf der Umsatztabelle irgendwo im Mittelfeld herumkrebst. Spitzenverkäufer haben keine Patentrezepte nötig. Sie wissen es besser. Sie glauben nicht, dass eine Argumentation, Präsentation oder Einwandsbehandlung, die gestern bei Kunde A funktionierte, deshalb auch heute bei Kunde B funktioniert. Sie haben solche Patentrezepte nicht nötig, weil sie den schwachen Punkt jedes Kunden individuell einschätzen können und deshalb bei jedem Kunden exakt den Punkt treffen, der den Abschluss auslöst. So gesehen, gibt es doch ein Patentrezept:

Jeder Kunde hat einen anderen «schwachen» Punkt. Treffen Sie ihn, unterschreibt er.

Warum noch mehr Anstrengung immer weniger nützt

Damit dürfte auch klar sein, warum es nichts nützt, sich bei der Akquise über ein vernünftiges Maß hinaus anzustrengen.

So sehr Sie sich auch anstrengen – wenn Sie den Knopf des Kunden nicht finden, nutzt Ihnen auch die tollste Anstrengung nichts!

Klar ist damit auch, warum Fachkompetenz oder Fleiß nicht abschlussentscheidend sind. Peter ist ungefähr zehnmal so fachkompetent wie Birgit und ebenso fleißig wie sie. Trotzdem macht Birgit den Abschluss. Mehr Anstrengung bringt eben nicht unbedingt mehr Umsatz. Deshalb heißt das Sprichwort auch: Don't work hard – work smart! Arbeiten Sie nicht hart, arbeiten Sie smart. Smartness verkauft besser als Fleiß, Menschenkenntnis verkauft besser als Fachkenntnis.

Menschenkenntnis schlägt Fachkenntnis zehn zu eins.

Fachkompetenz und Fleiß sind zwar absolut *notwendig* für Erfolg im Verkauf – aber sie sind nicht *ausreichend*. Wer sich nur auf Fachkompetenz und Fleiß verlässt, ist verlassen. Denn Fachkompetenz und Fleiß verraten Ihnen nicht, wo der Knopf des Kunden sitzt.

Grenzenloses Umsatzpotenzial

Die meisten Verkäufer machen sich keine Vorstellung davon, wie entscheidend Menschenkenntnis für den Abschluss ist:

Ein deutscher Anlagenbau-Konzern möchte auch etwas vom jüngsten Ölpreis-Schock abbekommen, der vielen arabischen Staaten eine Verdoppelung der Öleinnahmen bescherte: riesiges Investitionspotenzial! Er schickt einen Verkaufsingenieur nach dem anderen zu einem besonders potenten Emiratpartner – alle blitzen ab. Als überraschend der vierte Akquisiteur erkrankt, das Unternehmen den bereits fixierten Termin aber nicht platzen lassen möchte, schickt man als Ersatzmann einen pensionierten Ingenieur. Der bleibt eine halbe Woche und bringt dann gleich den Auftrag im Handgepäck mit; Auftragswert 1,5 Millionen Euro. Auf die Frage des Vorstandsvorsitzenden, wie er das Ding denn geschaukelt habe, sagt der Pensionär: «Dem Scheich ging die trockene deutsche Art ziemlich auf den Senkel. Der hat schon sauer geguckt, als ich meine Bauskizzen aus dem Koffer zog. Also haben wir uns einfach über seine Söhne unterhalten, die in den USA studieren. Ich habe ihm von meinen beiden Söhnen erzählt – nach zwei Tagen gehörte ich praktisch zur Familie. Der Scheich ist ein Familienmensch. Der macht seine Geschäfte nur mit Leuten, die seine Loyalität und seinen Familiensinn teilen.»

Deprimierend, nicht wahr? Da kann die Gasdruckturbine einen weltweit einmaligen Effizienzgrad von 90 Prozent haben – das juckt den Scheich nicht wirklich. Das nimmt er zwar positiv zur Kenntnis, doch das überzeugt ihn nicht. Denn er findet nur die guten alten Familienwerte überzeugend. Das konnten die abgeblitzten deutschen Ingenieure nicht fassen: «Warum sieht er nicht ein, dass unsere Turbine die beste ist?» Weil der Scheich ein Scheich und kein deutscher Ingenieur ist. Der Scheich ist kein Kopfmensch (wie die deutschen Ingenieure), eher ein Bauchtyp. Er entscheidet lieber aus dem Gefühl heraus. Der pensionierte

Ingenieur hat genau das treffend erkannt, sozusagen den Bauch des Scheichs angesprochen und den Deal mit dem Bauch des Scheichs gemacht.

Sobald man weiß, wo der Knopf sitzt, kommt der Umsatz quasi von selbst – und vor allem ohne jede übermäßige Anstrengung. Im Gegenteil. Der Verkaufssenior badete vier Tage lang in purem Luxus, während er sich mit dem Scheich bei Lachshäppchen am Pool über Familienangelegenheiten unterhielt ... Traumhafte Arbeitsbedingungen für einen Verkäufer, finden Sie nicht auch? Hätten Sie so was nicht auch gerne mal? Sehen Sie, genau aus diesem Grund lesen Sie dieses Buch. Denn wenn Sie Ihre Kunden durchschauen (können), wird jedes Verkaufsgespräch traumhaft.

Aufgetaute Kunden kaufen besser

Edith, 28 Jahre, ist Starverkäuferin eines IT-Unternehmens. Selbst in der IT-Krise der vergangenen Jahre machte sie glänzende Umsätze. Sie ist so gut, dass ihre Kollegen Wetten mit ihr abschließen: Sie geben ihr jene Kunden, die sie nach oft monatelanger Anstrengung selbst nicht knacken können, und wetten darauf, dass auch sie sie nicht knackt. Bislang haben sie jede Wette verloren. Inzwischen geht Edith sogar so weit, dass sie die Kollegen mithören lässt, wenn sie telefonisch Erstkontakt mit dem Kunden aufnimmt. Ein Kollege erzählt: «Ich fasse es nicht. Nach nur fünf Minuten hat sie den Kunden so weit, dass er ihr von seiner Scheidung, seinen Kindern, seinen Sorgen und persönlichen Problemen erzählt. Wie macht die das nur? Und warum zieht das bei den Kunden?»

Zwei wirklich dumme Fragen. Zur ersten: Edith macht das nicht mit Fach-, sondern mit Menschenkenntnis. Zur zweiten: Natürlich unterschreiben die Kunden nicht, weil Edith so eine tolle Kummerkastentante ist. Aber sie laden sie zum persönlichen Gespräch ein, weil sie «menschlich einfach in Ordnung ist», wie die Kunden unisono rückmelden. Und weil Edith auch im direkten persönlichen Gespräch ganz genau auf den einzelnen Kunden (den Menschen, nicht nur seinen Bedarf!) eingeht, kriegt sie am Ende auch den Auftrag.

Wo der Hase im Pfeffer liegt

Das Unverständnis von Ediths Kollegen und deren Unvermögen, es Edith gleichzutun, ist typisch und tragisch zugleich: Die meisten Durchschnittsverkäufer erkennen nicht, wo der Hase im Pfeffer liegt. Wenn sie weniger Umsatz machen, als sie brauchen oder ihr Chef von ihnen verlangt,

- schieben sie das auf den Kunden: «Der weiß nicht, was er will!»
- schieben sie es auf den Preis: «Einfach zu hoch!»
- schieben sie es auf die Konkurrenz: «Zu stark!»
- schieben sie es auf das Produkt: «Damit kann man eben keinen Blumentopf gewinnen!»
- schieben sie es auf die Politik des Hauses: «Heute hü, morgen hott – meine Kunden sind total verunsichert!»
- basteln sie an ihrer Argumentation herum: «Ich brauche einfach bessere Argumente!»
- forcieren sie ihre Abschlusskompetenz: «Ich muss abschlusssicherer werden!»
- versuchen sie es mit Rhetorik: «Ich muss einfach besser reden können.»
- steigern sie die Kontaktzahl: «Ich muss mehr Besuche machen!»
- klagen sie über den Chef: «Der motiviert uns nicht die Bohne!»
- mäkeln sie an den Umsatzzielen herum: «Das geben die Märkte nicht her!»

- schieben sie die Schuld auf die Konjunktur: «Kaufzurückhaltung!»

Die wenigsten kommen auf die nahe liegende Idee:

Weder Preis noch Produkt, Argumentation oder Konjunktur entscheiden über den Kauf, sondern der Kundentyp.

Wer am Typ des Kunden vorbei berät, berät am Umsatz vorbei. Wer den Kundentyp dagegen trifft, trifft ins Umsatzschwarze. Oder quantitativ:

Abschluss = 20 Prozent Argumentation + 80 Prozent typgenaue Passung

Die Passung zum Kunden, nicht das Produkt, bringt den Abschluss.

Es gibt keine schwierigen Kunden!

Warum ist die Kundenpassung so viel wichtiger als die Fachkenntnis? Das liegt auf der Hand: Das beste Produkt und die beste Argumentation nützen herzlich wenig, wenn Sie am Kunden vorbei reden. Wenn der Kunde denkt: «Was erzählt der denn für dummes Zeug? Was will der denn von mir?», dann ist er für Produktvorteile und Argumente kaum mehr zugänglich.

Sie ahnen inzwischen, warum es mit den so genannten schwierigen Kunden nicht hinhaut, warum Sie bei bestimmten Zielgruppen nicht landen können, sich an gewissen Kunden vielleicht seit Jahren die Zähne ausbeißen: Es liegt nicht so sehr an Produkteigenschaften oder Konditionen.

Es liegt daran, dass Sie nicht den richtigen Draht zum Kunden finden, den passenden Zugang, seine individuelle Wellenlänge. Der Kunde ist Ihnen einfach nicht sympathisch (genug), sondern, na, eben schwierig. Woran liegt das? Die Briten haben ein Sprichwort dafür:

People that are like each other like each other.

Frei übersetzt: Was sich ähnlich ist, das findet sich sympathisch. Dieses Sprichwort enthüllt die ganze Misere mittelmäßiger Verkäufer:

Verkäufer ohne ausreichende Menschenkenntnis verkaufen nur jenen Kunden gut, die ihnen ähnlich sind!

Bei allen anderen haben sie mehr oder minder große Schwierigkeiten! Wie Peter: Er ist ein technikverliebter Detailmensch, der deshalb an technik- und detailverliebte Kunden fantastisch verkauft. Sobald er jedoch auf einen Kunden trifft, der nicht im Detail, sondern in anderen, größeren Zusammenhängen wie zum Beispiel Prestige denkt, langweilt er ihn mit seinen technischen Details zu Tode. Nicht so sehr, weil es Technik ist, sondern weil diesen Kunden die tausend kleinen Details einfach nicht interessieren, er sie auch nicht versteht. Sie verwirren ihn eher. Solche Kunden kennen Sie auch? Dann wissen Sie, womit man die Sache nur noch schlimmer macht.

Der Holzweg: Mehr desselben

Kein Verkäufer ist so begriffsstutzig, dass er nicht merken würde, wenn er keinen Zugang zum Kunden kriegt. Was tut er dann? Was, glauben Sie, hat Peter getan, als er merkte, dass der Zahnarzt nicht auf das sagenhafte, druckstabilisierte und bremskraftverzögernde Mehrfachkolben-Bremssystem ansprang? Nun, er tat, was alle Verkäufer ohne Menschenkenntnis tun: Er versuchte, den Kunden doch noch irgendwie zu überzeugen. Womit? Mit noch mehr und noch tolleren technischen Details!

Bizarr, aber wahr: Verkäufer ohne Menschenkenntnis vergraulen Kunden mit dem verstärkten Einsatz ihrer Fachkenntnis!

Gerät Peter unter Druck, denkt er automatisch: «Du musst noch überzeugender werden!» Also kramt er noch mehr Details hervor. Man nennt diese Selbstsabotage-Strategie auch: More of the same – mehr desselben.

Warum stellt sich Peter derart selbst ein Bein? Weil er den Typ des Kunden nicht erkennt. Schlimmer noch: Er kennt auch seinen eigenen nicht. Würde er wissen, dass er eben ein ausgeprägter Detailmensch ist, dann wäre er sehr vorsichtig im Umgang mit Menschen, die nicht seine Detailliebe teilen. Da er seinen eigenen Akquisestil jedoch nicht bewusst reflektiert, ja noch nicht mal erkennt, wird er so lange Probleme mit bestimmten Kunden haben, bis er seine eigene Masche durchschaut.

2. Was ist Ihre Masche?

«Nosce te ipsum» –
Erkenne dich selbst.
INSCHRIFT AUF DEM APOLLO-TEMPEL IN DELPHI

Kleider machen keine Leute

Sicher kennen Sie Sprüche wie: «Die Persönlichkeit des Verkäufers verkauft» oder «Der Kunde kauft erst den Verkäufer, dann das Produkt». Diese Sprüche beinhalten eine alte Weisheit: Von einem unsympathischen Verkäufer kauft keiner gern etwas. Ein unsympathischer Verkäufer tut sich furchtbar schwer im Kundengespräch. Es liegt auf der Hand: Die *Persönlichkeit* des Verkäufers verkauft. Sie verkauft sogar stärker als das eigentliche Angebot. Denn wenn ein Verkäufer unsympathisch wirkt, überträgt der Kunde seine Skepsis von der Person auf das Angebot. Er findet dann plötzlich das Angebot nicht so toll – nur weil er den Verkäufer nicht sympathisch findet.

Jeder gute Verkäufer weiß und fürchtet das. Deshalb kleiden sich Verkäufer stets gut und versuchen, immer freundlich zu sein. Und genau da liegt der Irrtum: Der Durchschnittsverkäufer glaubt leider, dass sich der Ausdruck seiner Persönlichkeit auf Kleidung und Lächeln beschränkt. Er fällt auf das Sprichwort «Kleider machen Leute» herein. Das stimmt zwar zu einem gewissen, geringen Maße, doch es reicht eben nicht, wie ein anderes, italienisches Sprichwort bezeugt: *L'abito non fa il monaco.* Eine Kutte macht noch keinen Mönch.

Wie wir an Peters Fiasko sahen (s. Kapitel 1, Seite 16/17), sind Kleidung und Freundlichkeit eben noch zu wenig Persönlichkeit. Peter ist stets tadellos angezogen und ausgesucht freundlich – den reichen Zahnarzt hat er trotzdem nicht zur Unterschrift gebracht:

> ***Die alles entscheidende Persönlichkeit eines Verkäufers zeigt sich nicht bloß an der Kleidung, sondern vor allem an seiner Einstellung, seinem Verhalten und seiner Sprache.***

Wie man sich selbst aufs Kreuz legt

Peters persönlicher Stil passt nicht zu dem des reichen Zahnarztes. Deshalb ging der Deal (fast) schief.

Peter redet zu lange über Details, die seinen Kunden, der eher in größeren Zusammenhängen denkt, nicht interessieren. Wie hätte Peter sein Debakel verhindern können? Indem er den Typ des Kunden und gleichzeitig sein eigenes, typisches Verkaufsverhalten erkannt hätte. Dann hätte er nämlich sofort gemerkt, dass beides nicht zusammenpasst. Dass er sich bei seiner Verkaufsargumentation immer am liebsten sofort ganz tief in Details vergräbt – egal ob das zum jeweiligen Kunden passt oder nicht!

Details sind nun mal Peters Leidenschaft. Doch weiß jeder Verkäufer auch: Ein und dieselbe Masche zieht nicht bei jedem Kunden. Was den meisten aber nicht bewusst ist, ist die eigene Masche. Peter sagt sich nicht vor einem Kundengespräch: «So, diesen Kunden texte ich jetzt mit Details zu!» Peter merkt eigentlich gar nicht, was er da tut. Er hält Detailfülle ganz unbewusst für die einzig richtige Methode, Kunden zu beraten. «Was? Ich bringe zu viele Details? Glaube ich nicht!» Wäre er sich seiner «Detailmasche» bewusst, würde er seine «oberflächlichen» Kunden nicht ständig damit vergraulen.

Solange Sie Ihre eigene Masche nicht kennen, sabotiert diese Masche Sie unbewusst – und zwar bei allen Kunden, die nicht Ihrem Typ entsprechen.

Kennen Sie Ihre Masche?

Wie finden Sie die eigene Masche heraus? Diese Frage stellten sich die US-Forscherinnen Myers und Briggs schon in den Sechzigerjahren. Sie entwickelten ein Instrument, das mittlerweile die weltweit am häufigsten eingesetzte Methode der Persönlichkeits-Evaluation ist: den MBTI, den Myers-Briggs-Type-Indicator. Mit nur vier Parametern erlaubt der MBTI Ihnen nicht nur, in Sekundenschnelle jeden Kunden in seinem entscheidenden Kaufverhalten zu verstehen. Er erlaubt Ihnen vor allem erst einmal, Ihr eigenes typisches Verkaufsverhalten zu erkennen.

Genau das meinte das Orakel zu Delphi, als es den kryptischen Spruch prägte: Nosce te ipsum – erkenne dich selbst! Wer sich selbst kennt, verkauft automatisch supergut, weil er bei jedem Kunden sofort erkennt, ob seine Masche zum Kunden passt – und sie gegebenenfalls auf den abweichenden Kundentyp anpassen kann.

Wer sind Sie?

Was ist Ihre unbewusste Masche im Verkauf? Woran erkennen Sie sie? Anhand von vier Merkmalen, die wir im Folgenden bestimmen werden, und zwar mit einem kleinen Fragebogen in vier Abteilungen.

Kreuzen Sie ganz unbefangen an, denn es gibt keine falschen Antworten. Die Fragen bestimmen lediglich Ihren Persönlichkeitstyp – und es gibt keine «falschen» Persönlichkeiten. Falls Sie im Zweifel sind, kreuzen Sie die Antwort an, die im Kundenkontakt *eher*, also häufiger auf Sie zutrifft.

Noch ein Tipp vorneweg: Kreuzen Sie nicht die Antwort an, von der Sie annehmen, dass sie besser zu einem erfolgreichen Verkäufer passt. Denn mit beiden Antworten sind Spitzenumsätze möglich. Das ist doch gerade das Schöne daran: Sie können mit jeder Persönlichkeit großen Verkaufserfolg haben – sofern Sie diese Persönlichkeit erst einmal korrekt erkennen. Beginnen wir also mit Ihrer ersten persönlichen Eigenschaft. Welche Antwort trifft eher auf Sie zu? A oder B?

Wenn ich zum ersten Mal mit einem Interessenten rede, dann

- ❑ A) bin ich froh, wenn erst einmal er redet und über sich erzählt.
- ❑ B) stelle ich ihm erst mal ausführlich mich, unsere Firma und alle unsere Vorzüge vor.

Mit neuen Interessenten oder Neukunden werde ich in der Regel

- ❑ A) eher langsam warm und brauche einige Kontakte, um mich an ihn/sie zu gewöhnen.
- ❑ B) schon nach wenigen Minuten im ersten Gespräch warm.

Wenn ich auf einer Messe, Fachtagung oder anderen Veranstaltungen bin, dann

- ❑ A) rede ich am liebsten mit Leuten, die ich schon gut kenne.
- ❑ B) lerne ich am liebsten neue Gesichter kennen.

Wenn ich Gesprächstermine für Erstgespräche brauche, dann

- ❑ A) ist es mir am liebsten, wenn der Innendienst diese Termine für mich vereinbart.
- ❑ B) rufe ich selbst beim Interessenten an, um einen Termin zu vereinbaren.

Wenn ein Kunde zur Tür hereinkommt (falls Sie auf der Ladenfläche arbeiten),

❑ A) lasse ich ihn zuerst mal sich umschauen.
❑ B) suche ich sofort Blickkontakt und begrüße ihn.

Wenn ich in der Stadt unvermittelt einem meiner B-Kunden begegne,

❑ A) bin ich froh, wenn er mich nicht sieht, damit ich ungestört meinen Besorgungen nachgehen kann.
❑ B) begrüße ich ihn und wechsle ein paar Worte.

Wenn mich ein Kunde unerwartet zu einem Abendessen mit mehreren Leuten einlädt,

❑ A) gehe ich eher mit mulmigem Gefühl hin, weil ich natürlich nicht ablehnen kann.
❑ B) freue ich mich über die Abwechslung und bin gespannt auf neue Gesichter.

Was haben Sie angekreuzt? Die Tendenz ist erkennbar, nicht wahr? Haben Sie hauptsächlich A angekreuzt, können Sie Ihr Kontaktverhalten im beruflichen Kontext eher als introvertiert bezeichnen. Haben Sie häufiger B angekreuzt, sind Sie als Verkäufer eher extravertiert (als Privatmensch sind Sie möglicherweise ganz anders).

Was diese Eigenschaften für Ihren Erfolg beim Kunden bedeuten, betrachten wir ausführlich im nächsten Kapitel. Fürs erste reicht es, wenn Sie ankreuzen und sich merken: Ich bin im Kundenkontakt eher

❑ *introvertiert* (Kennbuchstabe I)
❑ *extravertiert* (Kennbuchstabe E).

Wie beraten Sie?

An Peters Debakel (s. Kapitel 1, Seite 16/17) können Sie sehr schön sehen, wie extrem wichtig die Informationsdichte im Kundengespräch ist. Peters Dichte und Detailflut war offensichtlich zu hoch für den kaufwilligen Zahnarzt, der eher allergisch auf die vielen Details reagierte. Deshalb fuhr Peter den guten Doktor sauer. Welche Dichte bevorzugen Sie?

Wenn ich Kunden berate, dann

- ❑ A) argumentiere ich am liebsten mit eindeutigen Fakten und aussagekräftigen Details.
- ❑ B) konzentriere ich mich auf das Wesentliche meines Angebots und die Zusammenhänge.

Kunden überzeuge ich gerne mit

- ❑ A) statistisch erhärteten Erfahrungswerten, Referenzen und Anwendungsbeispielen.
- ❑ B) den Möglichkeiten, die ihnen mein Angebot erschließt.

Es ist mir wichtig, dem Kunden zu zeigen,

- ❑ A) dass mein Angebot Hand und Fuß hat.
- ❑ B) welche großartigen Chancen ihm mein Angebot eröffnet.

Der Kunde muss meiner Meinung nach vor allem wissen,

- ❑ A) was genau mein Angebot ausmacht und wie es funktioniert.
- ❑ B) warum und wozu er mein Angebot braucht.

Bei meiner Produktpräsentation ist mir sehr wichtig,

- ❑ A) dass der Kunde voll von meiner Kompetenz überzeugt ist.
- ❑ B) dass er das Gefühl bekommt, dass ich ein verlässlicher Partner für ihn bin.

Bei der Situations- und Bedarfsanalyse im Erstgespräch finde ich es vorrangig wichtig,

❑ A) die geschäftliche Vergangenheit des Kunden bis zum heutigen Tag zu verstehen.

❑ B) seine Vorstellungen von seiner geschäftlichen Zukunft zu erfahren.

Wenn der Kunde eine Entscheidung zu treffen hat, interessieren mich eher

❑ A) die Gründe und Anlässe für diese Entscheidung.

❑ B) die Ziele dieser Entscheidung.

Wenn Sie häufiger A angekreuzt haben, sind Sie im Kundenkontakt eher ein Realist. Sie beraten sehr bodenständig, konkret und detailliert. Haben Sie häufiger B angekreuzt, sind Sie eher ein Visionär im Verkauf. Damit Sie sich Ihren Typ besser merken können, verkürzen wir die Eigenschaft wieder auf zwei Kennbuchstaben:

- Der Realist bekommt ein S – weil in der internationalen Version des Fragebogens Englisch die gemeinsame Sprache ist. Und im Englischen wird einer, der sich bei der Argumentation auf seine fünf Sinne verlässt, mit *sensitive* (sinnesbezogen) bezeichnet.
- Der Visionär im Verkauf bekommt ein N – weil im Englischen die visionäre Argumentation mit *intuitive* bezeichnet wird. Warum nehmen wir dann nicht das I als Kennbuchstaben? Richtig, weil das I bereits mit der Introversion (s. Seite 31) besetzt ist.

Wie überzeugen Sie?

Die Unterscheidung zwischen Kopf- und Bauchmenschen kennen Sie sicher, weil diese auch im normalen Sprachgebrauch verbreitet ist. Warum das? Weil es eines der wichtigsten und explosivsten Unterscheidungsmerkmale von Menschen ist. Frauen gelten zum Beispiel als eher bauchgesteuert: Wenn ein Mann meint, seine Holde sei gerade «sehr zickig», dann können Sie sicher sein, dass hier ein kopfgesteuerter Mann mit der Emotionalität seiner eher bauchgesteuerten Partnerin nicht zurecht kommt. Das Blöde daran: Es gibt auch jede Menge bauchgesteuerter Kunden! Wie oft haben Sie schon Kollegen klagen hören, dass ein Kunde gerade «zickt»? Solche Klagen sind ein Symptom dafür, dass der Klagende zu wenig Menschenkenntnis hat, um einen Bauchkunden als solchen – und vor allem sich selbst zu erkennen!

Einen Bauchkunden werden Sie niemals mit logischen Argumenten überzeugen können – auch wenn Sie das als Kopfmensch die kahle Wand hochtreibt. Erinnern Sie sich an den Scheich (s. Kapitel 1, Seite 20)? Er ist ein Bauchmensch, den vier deutsche Verkaufsingenieure (alles Kopfmenschen im Verkauf) nicht überzeugen konnten. Eben weil die Unterscheidung zwischen Kopf- und Bauchmenschen derart erfolgsentscheidend ist, ist es extrem wichtig, dass Sie herausfinden, in welche Richtung Sie im Verkauf tendieren (privat mögen Sie in eine ganz andere Richtung gehen):

Wenn ich mit Kunden spreche, konzentriere ich mich auf

- ❑ A) Stimmung, denn die und die Gesprächsatmosphäre sind entscheidend.
- ❑ B) Fakten, denn die Fakten sind wichtig.

Wenn ein Kunde ausfallend oder beleidigend wird,

- ❑ A) fühle ich mich schon persönlich getroffen.
- ❑ B) fällt es mir trotzdem nicht schwer, sachlich zu bleiben.

Wenn ein Kunde offensichtlichen Unfug erzählt,
- ❑ A) versuche ich ihn und seine Motive zu verstehen.
- ❑ B) weise ich ihn auf seinen sachlichen Irrtum hin.

Wenn ich mit Kunden rede,
- ❑ A) achte ich auch auf meine und seine Gefühle.
- ❑ B) versuche ich, objektiv zu bleiben.

Wenn ich Kunden schon längere Zeit kenne, dann
- ❑ A) pflege ich auch über das Geschäftliche hinaus persönlichen Kontakt mit ihnen.
- ❑ B) verkneife ich mir zu große Nähe, denn das wäre anderen Kunden gegenüber unfair.

Wenn mir der Kunde mit stockender Stimme sein Leid klagt,
- ❑ A) kann ich ihm seinen Kummer gut nachfühlen.
- ❑ B) ist mir das eher unangenehm.

Wenn ich mich neuen Kunden vorstelle,
- ❑ A) flechte ich auch mal Privates von mir ein.
- ❑ B) beschränke ich mich auf meinen beruflichen und fachlichen Werdegang.

Wenn Sie häufiger A angekreuzt haben, sind Sie eher ein Bauchmensch – wohlgemerkt: im Kundenkontakt. Die persönlichen Verhaltensprädispositionen sind nämlich stark vom Kontext abhängig. Das heißt, wenn Sie häufiger B angekreuzt haben, also im Verkauf eher ein Kopfmensch sind, dann heißt das nicht, dass Sie beim Spielen mit (Ihren) Kindern nicht auch ein Bauchmensch sind. Merken Sie sich den Kennbuchstaben:

- Für den Bauchmenschen F wie *Feeler* – so heißt der Bauchmensch im internationalen Sprachgebrauch.
- T wie *Thinker* für den Kopfmenschen.

Wie organisieren Sie?

Kommen wir zum vierten und letzten Persönlichkeitsmerkmal: die Art und Weise, wie Sie sich im Kundenkontakt organisieren. Ein eminent wichtiges Merkmal: Wenn Sie sich anders organisieren als der Kunde, können Sie nicht bei ihm landen. Schlimmer: Dann gibt es oft genug Konflikte mit dem Kunden. Deshalb sollten wir schnellstmöglich herausfinden, welcher Organisationstyp Sie sind:

Wenn Kunden kurzfristig Termine platzen lassen oder zum vereinbarten Termin zu spät kommen,

- ❑ A) ärgert mich das schon. Ich halte das nicht für einen guten partnerschaftlichen Umgang miteinander.
- ❑ B) mache ich in der Zeit eben was anderes. Man kann seinen Tag nicht auf die Minute genau planen.

Im Kundengespräch

- ❑ A) folge ich Schritt für Schritt meiner Argumentationsstrategie.
- ❑ B) lasse ich mich durch vorgefasste Gesprächsschemata nicht in meiner Kreativität einschränken.

Wenn der Kunde mitten in der Abschlussphase plötzlich wieder von vorne anfängt und Bedarfsfragen aufwirft,

- ❑ A) nervt mich das schon. Hätte er das nicht schon früher sagen können?
- ❑ B) kläre ich die Fragen eben kurz vor dem Abschluss. Besser spät als nie!

Für kurzfristige, spontane Termine und Kundenanfragen

- ❑ A) habe ich nicht viel übrig. Ich kann nicht immer alles stehen und liegen lassen.
- ❑ B) kann ich immer irgendwie ein paar Minuten frei machen.

Ich stehe zum vereinbarten Termin im Vorzimmer des Kunden, als dieser noch ein Telefonat entgegennimmt. Ich

- ❑ A) denke mir, dass es ganz schön unhöflich ist, mich derart warten zu lassen.
- ❑ B) nehme schmunzelnd zur Kenntnis, wie viel er offenbar um die Ohren hat.

Wenn ein Kunde sich einfach nicht entscheiden kann,

- ❑ A) macht mich das hippelig und ärgerlich.
- ❑ B) kann ich das gut verstehen. Mir geht es oft auch so.

Nach kurzen Ausführungen meinerseits fragt der Kunde bereits, wo er unterschreiben kann. Ich

- ❑ A) unterbreite ihm schnell noch die wichtigsten Argumente, damit er nichts übersieht.
- ❑ B) freue mich über den schnellen Abschluss und lasse ihn sofort unterschreiben.

Sie haben häufiger A angekreuzt? Dann sind Sie gut und gerne organisiert. Sie lieben es, Entscheidungen zu fällen und sich auf das Nötige auch festzulegen. Falls es häufiger B ist, sind Sie gerne flexibel und spontan. Entscheidungen schieben Sie gerne auf, um flexibel zu bleiben. Sie legen sich aus demselben Grund auch eher ungern fest. Was ist besser? A oder B? Das kann man gar nicht beantworten. Es ist vollkommen irrelevant, ob Sie ein Organisationsgenie oder ein Spontangenie sind – Sie können mit beiden Charaktereigenschaften Spitzenerfolg haben. Aber nur dann, wenn Sie Ihre Neigung erkennen und an den jeweiligen Kunden anpassen.

Wie diese erfolgsentscheidende Anpassung funktioniert, das betrachten wir ausführlich in den folgenden Kapiteln – tatsächlich dreht sich das Buch um nichts anderes. Denn je besser Sie sich in seinen entscheidenden Verhaltensprädispositionen (sperriges Wort, aber so heißt das nun mal) an den Kunden anpassen (können), desto besser und vor allem leichter verkaufen Sie. Merken Sie sich auch für das vierte Merkmal den Kennbuchstaben:

- J ist der Kennbuchstabe für den Organisierer und Entscheidungsfreudigen. Im internationalen Sprachgebrauch hat sich dafür der Begriff *Judger* eingebürgert: Einer, der die Dinge gerne sofort beurteilt, um sie einordnen und organisieren zu können, um sich zu entscheiden und sich daran auch zu halten.
- P ist der Kennbuchstabe für den Flexiblen; P wie *Perceiver* – einer, der mit offenen Augen durch die Welt geht (to perceive: wahrnehmen), für alles spontan zu haben ist und sich möglichst viele Dinge möglichst lange offen hält, um immer flexibel zu bleiben.

Mein Typ

Damit haben wir alle vier Buchstaben beisammen, die Ihre erfolgsentscheidende Verkaufspersönlichkeit charakterisieren. Tragen Sie die vier Buchstaben ein und halten Sie fest:

Mein Persönlichkeitstyp ist: __ __ __ __

Die folgende Typentafel können Sie als Gedächtnisstütze bei den nachfolgenden Kapiteln immer wieder kurz aufblättern. Mit den dargestellten vier Persönlichkeitsmerkmalen können Sie nicht nur sich, sondern jeden Kunden, Vorgesetzten, Kollegen, Beziehungspartner, Kind, Verwandten, Elternteil, Politiker charakterisieren und im Interaktionsfall so führen, dass er Ihnen gibt oder das tut, was Sie sich von ihm wünschen – ohne dass Sie sich einen dabei abbrechen müssen. Das ist der Sinn der ganzen Übung.

Die Typentafel der Verkäufertypen

Kriterium	**Eher ein ...**	**Oder eher ein ...**
Kontaktaufnahme	**I**ntrovertierter	**E**xtravertierter
Informationsdichte	Der **S**ensitive Verkäufer ist Realist und berät daher sehr detailliert.	Der i**N**tuitive Verkäufer ist ein Visionär und vermittelt lieber das große Bild.
Argumentationsverhalten	Der **F**eeler ist ein Bauchmensch.	Der **T**hinker ist ein Kopfmensch.
Organisationsgrad	Der **J**udger ist gut und gern organisiert.	Der **P**erceiver ist eher spontan und flexibel.

3. Sind Sie der richtige Verkäufer für Ihre Kunden?

«Die Erkenntnis macht den Erfolg.»
LAOTSE

Ihr Testergebnis

Wie ist Ihr Testergebnis (s. Kapitel 2, Seite 38)? Welche vier Buchstaben haben Sie notiert? Schreiben Sie sich die Buchstaben am besten auf einen Zettel. Sie sind der Schlüssel für Ihren künftigen Verkaufserfolg und die Erklärung dafür, warum Sie bislang mit bestimmten Kunden Probleme hatten:

Wenn Kunden nicht so schnell und so viel kaufen, wie Ihnen lieb ist, liegt es nicht (oder nicht nur) am zu hohen Preis oder an ungenügenden Produktvorteilen, sondern in erster Linie an der mangelnden Passung zwischen Ihrem Persönlichkeitstyp und dem des Kunden.

Die magische Verkäufer-Kunden-Passung

Beim Betrachten der Typentafel (s. Kapitel 2, Seite 39) ist Ihnen vielleicht spontan der Gedanke gekommen: Wenn ein E-Verkäufer auf einen I-Kunden trifft, dann sind die Probleme fast schon vorprogrammiert. Dasselbe gilt für S und N, F und T, J und P:

Wann immer die Persönlichkeiten von Verkäufer und Kunde nicht zusammenpassen, reagiert der Kunde mit vielen Einwänden bis hin zur Gesprächs- und Abschlussverweigerung.

Das wirklich Blöde daran: Diese Störungen sind sehr undurchsichtig. Denn natürlich wird Ihnen kein Kunde sagen: «Hören Sie mal, junger Mann, ich bin introvertiert, also behandeln Sie mich entsprechend!» Denn der Kunde verfügt nicht über die entsprechende Menschenkenntnis oder Selbstreflexion. Außerdem geben Kunden selten offen und bewusst einen Kommentar über Ihre Gesprächsführung ab.

Der Kunde schweigt in der Regel vielmehr und reagiert mit Einwänden, Bedenken, Rabattforderungen ... eben dem ganzen Widerstandsverhalten von Kunden. Der in Menschenkenntnis ungeschulte Verkäufer hält diese Einwände fälschlicherweise für Einwände gegen die Sache, das Produkt, seine Argumente. Dabei sind die Einwände nicht sachlich, sondern persönlich motiviert:

Kunden reagieren allergisch auf typfremde Verkäufer.

Das ist gerade das Gefährliche im Verkauf: Man weiß (ohne Menschenkenntnis!) nie, ob der Kunde mit seinem Einwand nun das Produkt oder den Verkäufer meint. Der Kunde *sagt* zwar etwas Negatives übers Produkt, doch er *meint* oft genug den Verkäufer damit. Warum reagieren bestimmte Kunden allergisch auf bestimmte Verkäufer? Das betrachten wir jetzt Typ für Typ.

Introvertierte sind selten im Verkauf

Introvertierte Verkäufer sind echte Exoten im Außendienst. Der introvertierte Verkäufer

- geht nämlich ungern von sich aus auf Kunden zu und wartet

lieber ab, bis die Kunden auf ihn zugehen – das erleichtert ihm das Leben im Außendienst und insbesondere die Kaltakquise nicht unbedingt.
- schätzt weniger die Geselligkeit als das Alleinsein – was ihn nicht gerade zur Stimmungskanone im Kundenkontakt macht.
- lernt Neukunden ungern von sich aus, sondern lieber auf Empfehlung von Stammkunden oder mit Unterstützung des Innendienstes kennen.
- hält ungern Monologe (im Gegensatz zu E-Kollegen). Er hört lieber zu, was Eindruck beim Kunden macht.
- denkt, bevor er (wenn überhaupt) redet, was ihm eine Aura von Souveränität verleiht.
- ist in der Tiefe der Gedanken zu Hause, was ihn sehr kompetent erscheinen lässt.
- möchte lieber in Ruhe arbeiten, weshalb er sehr produktiv ist.
- hält seine Bürotür eher geschlossen.
- braucht eine längere Anwärmzeit bei Neukunden.

Mit diesen Verhaltenszügen sind Introvertierte eher Exoten im Verkauf. Wer ungern von sich aus auf Fremde zugeht, wird nämlich kaum den Beruf des Verkäufers im Außendienst wählen – und kaum glücklich werden in seinem Beruf. Im Innendienst, hinter Verkaufstresen (Reisebüro, Gastronomie), im Einzelhandel und beim Kundensupport oder unter Verkaufsingenieuren finden sich dagegen deutlich mehr introvertierte Verkäufer.

Konflikte mit E-Kunden

Wenn Sie eher introvertiert sind, kommen Sie mit ebenfalls introvertierten Kunden natürlich glänzend klar. Sie verstehen sich auf Anhieb und machen gute Geschäfte mit ihnen. Ohne die nötige Menschenkenntnis wissen Sie jedoch nicht, *warum* es mit diesen

Kunden so toll klappt. «Die liegen mir halt!», schon klar, aber weshalb? Weil sie wie Sie introvertiert sind.

Wenn Sie mit anderen Kunden hingegen Probleme haben, liegt es mit hoher Wahrscheinlichkeit daran, dass diese eher extravertiert sind und schon bei Ihrer Kontaktaufnahme ganz andere Dinge von Ihnen erwarten. Erwartungen, von denen Sie a) nicht wissen oder die Sie b) nicht erfüllen möchten oder können, selbst wenn Sie von ihnen wüssten.

Der I-Verkäufer hat generell Probleme mit E-Kunden.

Mit extravertierten Kunden gibt es in diesem Fall Probleme, weil die Passung der Persönlichkeiten, der so genannte Rapport nicht zu Stande kommt. Wie Sie diese Passung trotz divergierender Persönlichkeitsprofile herstellen, betrachten wir ausführlich in Kapitel 4 (ab Seite 57). Dieses Kapitel ist ausschließlich dem abschlussentscheidenden Rapport zwischen Verkäufer und Kunde gewidmet.

Typgerecht verkaufen

Möglicherweise ist Ihnen gerade ein bahnbrechender Gedanke gekommen. (Vor allem, wenn Sie ein kräftiges N und ein J in Ihrem Persönlichkeitsprofil haben.) Sie denken ungefähr Folgendes: Wenn die persönliche Passung zwischen Verkäufer und Kunde derart abschlussentscheidend ist, dann muss ich in allen Phasen des Verkaufsgesprächs meine Argumentation typgerecht umstricken! Sie treffen den Nagel auf den Kopf:

Die typgerechte Beratung entscheidet über den Abschluss. Und dies bedeutet: typgerecht in allen Phasen der Beratung!

Doch nicht nur die Phasen der Beratung müssen typgerecht sein, sondern praktisch alles, was über Erfolg und Misserfolg beim Verkauf entscheidet:

Wenn sämtliche Schlüsselfaktoren im Kundengespräch typgerecht abgestimmt sind, kommt es fast automatisch zum Abschluss. Die persönlichkeitsgerechte Passung ist quasi eine Abschlussgarantie.

Welches sind die Schlüsselfaktoren im Verkauf? Darüber sind sich Verkäufer, Forschung und Literatur ausnahmsweise einig:

P – die Persönlichkeit des Verkäufers, nicht das Produkt, entscheidet über den Umsatzerfolg.

R – der Rapport, also die Beziehung zum Kunden, ist wichtiger als die Sachargumentation. Oder als Merkspruch: Beziehungsebene schlägt Sachebene.

U – die Untersuchung der Kundenwünsche, die Bedarfsanalyse zeigt, welche Produktvorteile den Kunden interessieren und welche ihn kalt lassen. Wer den Bedarf des Kunden nicht kennt, der berät immer am Kunden vorbei.

N – die Nutzenargumentation: Nicht der Produktvorteil, sondern der Nutzen verkauft. Was dem Kunden nicht nutzt, interessiert ihn nicht – selbst wenn es ein Alleinstellungsmerkmal ist.

C – das Contra des Kunden: Nur wer die Einwände des Kunden entkräften kann, macht den Abschluss: hart, aber wahr.

K – Kontrakt, also Abschluss, und Kundenpflege: Man darf den Kunden nicht zu Tode beraten, sondern muss abschlussstark dann abschließen, wenn er «reif» ist, und ihn vor allem danach gut pflegen – damit er möglichst lange kraftvoll kauft.

Das PRUNCKstück

Wenn Sie die Kennbuchstaben der einzelnen Erfolgsfaktoren von oben nach unten lesen, lässt sich eine seit Jahren bewährte Erfolgsstrategie leicht merken. Sie heißt: das PRUNCKstück (s. a. Stöger/Stöger: Es muss ja nicht gleich Liebe sein. Zürich 2000).

Nach dieser Strategie trainieren und coachen wir seit Jahren erfolgreich Verkäufer aller Branchen (weshalb wir Technik und Begriff auch schützen ließen). Sie hat sich in der Praxis bewährt, und wir folgen ihr auch hier: In diesem Kapitel beschäftigen wir uns mit dem Erfolgsfaktor P, der erfolgsentscheidenden Persönlichkeit des Verkäufers.

Sicher wissen Sie schon lange, dass Ihre Persönlichkeit über Ihren Erfolg beim Kunden entscheidet. Aber wahrscheinlich wussten Sie bislang nicht, wie diese Wirkung zu Stande kommt. Betrachten wir diese alles entscheidende Wirkung im Folgenden für alle vier Kernbereiche Ihrer Persönlichkeit.

Der Musterverkäufer ist extravertiert

Die meisten Leser dieser Zeilen sind extravertiert. Denn Menschen, die gerne, häufig und relativ unbefangen Kontakt zu anderen Menschen suchen, zieht es viel häufiger in den Verkauf als Introvertierte. Extravertierte Verkäufer

- gehen gerne auf Menschen zu, was natürlich ideal für die Akquise ist.
- ziehen die Gesellschaft von Menschen dem Alleinsein vor.
- lernen gerne auch Fremde kennen, was die Kaltakquise erleichtert.
- reden gerne und hören sich gerne selbst reden – was Kunden mächtig nerven kann.
- reden, bevor sie nachdenken – was sehr spontan, aber insbesondere auf introvertierte Kunden unüberlegt wirkt.
- sind für jede Ablenkung dankbar.

- haben stets eine offene Bürotür.
- sind schnell mit jedem gleich auf Du und Du.
- sind die geborenen Entertainer – eine echte Stärke im Verkauf.

Probleme mit I-Kunden

Wenn Sie die Komponenten einer extravertierten Verkäuferpersönlichkeit betrachten, springt die Erkenntnis förmlich ins Auge: Das ist der typische Verkäufer im Außendienst! Kontaktstark, redegewandt, aufgeschlossen. Deshalb kann er bei allen extravertierten Kunden auf Anhieb landen. Das Problem ist nur: Jeder vierte Kunde in Westeuropa ist introvertiert. In manchen Zielgruppen wie zum Beispiel Forschungseinrichtungen, Einkaufs- oder F&E-Abteilungen beträgt die Quote sogar 90 Prozent. Wenn Sie bei solchen Zielgruppen bisher einfach nicht oder nur mit Mühe landen konnten, wissen Sie jetzt, warum.

Trifft ein E-Verkäufer auf einen introvertierten Kunden, wundert er sich recht schnell, warum er im ersten Gespräch nicht gleich den Draht zu ihm findet. Der introvertierte Kunde rümpft nämlich die Nase über den E-Verkäufer. Er hält ihn, überspitzt formuliert, für einen kumpelhaften, unverschämten, aufdringlichen, aufgeblasenen, anbiedernden, vorlauten, redseligen, arroganten und unhöflichen Alleinunterhalter, der sich nicht die Bohne für den Kunden interessiert, sondern nur verkaufen möchte. Ist der E-Verkäufer generell arrogant? Nein, er besitzt lediglich ein anderes Kontaktverhalten als der Kunde – dies ist bloß beiden nicht bewusst!

I-Kunden fühlen sich von E-Verkäufern regelmäßig überfahren.

Zwischen beiden reißt schon nach den ersten Worten eine Kluft auf. Wie Sie diese kitten, also den alles entscheidenden Rapport herstellen, betrachten wir ausführlich in Kapitel 4 (ab Seite 57).

Vorsicht, Patentrezept-Falle!

Reagieren Sie beim Lesen von Stellenanzeigen skeptisch, spricht das für Ihre steigende Menschenkenntnis. Wenn Verkaufsleiter nämlich «aufgeschlossene, kontaktstarke Verkäuferpersönlichkeiten» suchen, sollte man sie eigentlich wegen Inkompetenz verhaften.

Ein aufgeklärter Verkaufsleiter eines Schmiermittelherstellers scherzte einmal: «Wer ‹kontaktstarke, aufgeschlossene› Verkäufer sucht, sagt auf gut Deutsch: ‹Ich suche extravertierte Verkäufer, die extravertierten Kunden verkaufen können. Meine introvertierten Kunden sind mir dagegen egal!› In unserer Branche würden wir damit ein Drittel unseres Umsatzes verlieren! Denn ein Drittel der Einkaufsleiter unserer Kunden sind extrem introvertiert! Die sind noch nie aus ihrem Büro rausgekommen!»

Natürlich muss ein Verkäufer kontaktstark sein. Doch er muss sich auch auf I-Kunden perfekt einstellen können. Sonst verzichtet er auf jede Menge Umsatz!

Sind Sie Realist?

Sie haben ein S in Ihrem Profil? Das S kommt aus dem Amerikanischen, woher der MBTI stammt, und steht für «sensitive». Im Englischen heißt das: auf die Sinne bezogen (es heißt nicht «sensibel», wie manche annehmen). Die beste Entsprechung im Deutschen ist die des Realisten. Er

- verlässt sich beim Verkaufen auf seine fünf Sinne (Strategien, Utopien, Chancen und Visionen sind ihm ein Gräuel).

- argumentiert mit harten Fakten und vielen Details (erinnern Sie sich an Peter!).
- versucht seine Kunden mit Erfahrungswerten, Referenzen und Praxisbeispielen zu überzeugen.
- erklärt bei Präsentation und Argumentation ausführlich das Was und das Wie seines Angebots.
- verlässt sich auf Tatsachen, Statistiken, Tests und messbare Produktqualität.
- steht mit beiden Beinen auf dem Boden der Realität.

Ist das nicht hervorragend? Leider nicht immer.

Das Mick-Jagger-Syndrom

Stones-Fans kennen die Liedzeile aus «Satisfaction»: «He can't be a man, 'cause he doesn't smoke the same cigarettes as me!» In Deutsch: Wie kann jemand ein echter Kerl sein, wenn er nicht meine Marke raucht?

Verkäufer ohne Menschenkenntnis leiden am Mick-Jagger-Syndrom.

Erinnern Sie sich an Peter, den Fahrrad-Verkäufer? Auch er ist ein Leidender. Er rastete im Coaching richtiggehend aus: «Was will der Kunde? Ein Rad aus Prestigegründen kaufen? Das ist doch Unfug! Bei einem guten Rad kommt es nicht aufs Prestige, sondern auf die technische Qualität an!»

Amateure halten ihre Meinung nicht für eine Meinung, sondern für die einzig gültige Wahrheit.

Wenn Sie die Typentafel der Verkäufertypen (s. Kapitel 2, Seite 39) anschauen: Welcher Typ ist Peter wohl? Ganz eindeutig ein extremer Realist! Ein Realist, der unter dem Mick-Jagger-Syndrom leidet. Denn er erkennt seinen persönlichkeitstypischen Realismus nicht als Ausdruck seiner Persönlichkeit. Er glaubt vielmehr, dass Realismus Weltreligion ist. Warum glaubt er das? Weil er keine Ahnung von Kundentypen hat.

So können Sie nur verlieren

Natürlich wissen Sie als Verkäufer unendlich viel mehr über Ihr Angebot als der Kunde. Was weiß ein Zahnarzt schon von Mountainbikes? Der Haken daran ist:

Verwechseln Sie nicht Wissen mit Persönlichkeit.

Der Zahnarzt weiß zwar nichts von Mountainbikes. Doch seine Persönlichkeit ist so gestrickt, dass er größten Wert auf Prestige legt. Natürlich regt sich Peter darüber auf, dass dem «dummen Kunden» Prestige mehr wert ist als die Produktqualität. Doch auch für Peter gilt:

Gegen den Kunden können Sie niemals gewinnen. Sie kommen nur mit dem Kunden, nie gegen den Kunden zum Abschluss!

Sie müssen die Persönlichkeit des Kunden nicht übernehmen oder gutheißen – aber respektieren sollten Sie sie, wenn Sie Umsatz machen wollen! Wer den Kunden gerade auch in seinen «spleenigen» Eigenarten nicht respektiert, hat verloren. Wenn Peters Kunde ein Visionär ist, der in so «abgehobenen» Begriffen wie Prestige denkt, dann kann Peter das nicht abfällig abtun, sondern muss darauf eingehen – wenn er abschließen möchte. Wie macht Peter das? Wie überbrückt er die Kluft zwischen sich als eingefleischtem Realisten und dem Kunden als eingeschworenem Visionär? Das betrachten wir in Kapitel 4 (ab Seite 57) und vor allem Kapitel 6 (ab Seite 119).

Der visionäre Verkäufer

Peters radelnder Zahnarztkunde ist offensichtlich eher intuitiv veranlagt – Pech für Peter. Seine Kollegin Birgit, die den Abschluss macht, gelingt dies deshalb, weil sie zufälligerweise intuitiv veranlagt ist. Sie ist eine Visionärin. Visionäre Verkäufer

- halten sich bei Präsentation und Argumentation nicht mit Details auf.
- argumentieren vielmehr lieber mit dem «Big Picture», dem großen Ganzen, dem wesentlichen Kern ihres Angebots.
- reden nicht über das Was und das Wie ihres Angebotes (zum Beispiel Zahnkränze), sondern lieber über das Wofür und Wozu (zum Beispiel Prestige).
- stützen sich weniger auf die Erfahrung mit dem Produkt als auf dessen Möglichkeiten.
- denken in übergeordneten Begriffen, Abstrakta und größeren Zusammenhängen.
- haben einen Hang zu wohlklingenden Anglizismen und Akronymen (englische Fachbegriffe und Abkürzungen).

Wenn Sie als Visionär auf einen visionären Kunden treffen, dann passen Sie so gut zueinander, dass es fast zwangsläufig zum Abschluss kommt. Treffen Sie auf einen Realisten, gibt es dagegen Probleme. Bei Kundenbefragungen beschwert sich branchenübergreifend fast jeder zweite Kunde über die «mangelnde Fachkompetenz» von Verkäufern. Wie kann das sein, wo jeder gute Verkäufer doch sein Angebot rückwärts im Schlaf präsentieren kann?

Es liegt nicht an der Fachkompetenz, es liegt an der Passung:

Wenn N-Verkäufer S-Kunden beraten, dann bringen sie einfach zu wenige Details und Anwendungsbeispiele, um den Kunden überzeugen zu können. Wie Sie diesen Umsatzkiller ausser Gefecht setzen, betrachten wir eingehend in Kapitel 6 (ab Seite 119).

Der Bauchverkäufer

Den Unterschied zwischen Kopf- und Bauchmenschen kennt jeder Laie. Wenn Sie im Verkauf eher vom Bauch her denken, dann

- ist Ihnen das Verhältnis zum Kunden, die Kundenbeziehung sehr wichtig, oft wichtiger als Ihre Sachargumente.
- reagieren Sie sehr emotional auf unsympathische oder bösartige Kunden. Sie fühlen sich schnell persönlich angegriffen (auch von aggressiven Vorgesetzten).
- sind Ihnen Ihre und die Gefühle des Kunden bei der Beratung sehr wichtig.
- sorgen Sie bei Kundengesprächen für das richtige Klima, für Harmonie, bevor Sie mit der Argumentation beginnen.
- versuchen Sie stets, Ihren Kunden zu verstehen und auf ihn einzugehen.
- pflegen Sie auch gerne über das Geschäftliche hinaus persönlichen Kontakt zu Ihren Kunden.

Alles recht positive Eigenschaften für einen Verkäufer? Ja und nein: Wenn ein Gefühlsverkäufer nämlich auf einen Kopfkunden trifft, dann holt er sich in der Regel eine gefühlsmäßig äußerst schmerzhafte, blutige Nase (wie Sie diese verhindern, lesen Sie in den folgenden Kapiteln).

Der Kopfverkäufer

Der Kopfverkäufer

- hält nicht viel von Gefühlsschmus, dafür mehr von ZDF (Zahlen, Daten, Fakten).
- bleibt stets objektiv, sachlich und logisch.
- analysiert Bedarfslagen sachlich und kühl.
- geht analytisch an Probleme heran.
- kann mit den Gefühlen des Kunden nicht viel anfangen und hält sie für irrelevant: «Job ist Job».
- hat ein ausgeprägtes Verständnis für Fairness.
- hält sich gerne an feste Prinzipien und Grundsätze.

Einen so kühlen und kompetenten Fachmann wünscht man sich als Kunde – es sei denn, man ist Bauchkunde. Dann rennt man vor einem solch «kaltschnäuzigen Hund» schreiend und mit der passenden Ausrede davon: «Ich habe jetzt keine Zeit für Sie!» Wie Sie als Kopfverkäufer trotzdem bei Bauchkunden landen und abschließen können ... Sie kennen den Hinweis auf die folgenden Kapitel inzwischen.

Der gut und gern organisierte Verkäufer

Ferdi ist sauer auf einen seiner besten Kunden: «Wie kann ich mit einem solchen Filou Geschäfte machen? Der Kerl ist gut drei Millionen an Aufträgen wert, hält es aber nicht für nötig, vereinbarte Termine einzuhalten! Dauernd kommt er zu spät zum Gespräch, ständig storniert er kurzfristig Termine! Ich glaube, der will mich für dumm verkaufen!»

Tja, ohne rechte Menschenkenntnis kann man das tatsächlich glauben. In Wahrheit ist das Gegenteil der Fall. Der Kunde schätzt Ferdi über alles – beide passen lediglich von der Persönlichkeit her nicht gut zusammen.

Ferdi ist ein Organisierer. Organisierer

- lieben Ordnung, Termine, Vereinbarungen – und halten sich auch unbedingt daran.
- haben keinerlei Verständnis für Terminverschiebungen und andere Störungen. Sie halten das automatisch für bösen Willen oder Schlamperei.
- regeln und planen gerne alles minuziös.
- halten sich an Entscheidungen, wenn sie mal getroffen wurden. Änderungswünsche empfinden sie als Affront.
- arbeiten sehr ergebnisorientiert.

Wer als gut organisierter Verkäufer auf einen Spontankunden trifft, muss sich in allen Phasen des Verkaufsgesprächs (U, N, C und K) der Herausforderung stellen, stärker in Richtung der Flexibilität des Kunden zu denken und zu arbeiten.

Der Spontanverkäufer

Gela ist leise am Fluchen. Sie steckt seit zehn Minuten im Stau und weiß ganz genau: Wenn sie schließlich beim Kunden zum vereinbarten Termin mit einigen Minuten Verspätung eintreffen wird, wird dieser schon ungeduldig trommelnd am Konferenztisch sitzen: Er hasst Unpünktlichkeit. Gela versteht das nicht: «Kann der nicht auch mal fünf gerade sein lassen? Soll er in der Zeit halt einen Kaffee trinken!»

Kann er das nicht tun? Nein, er kann nicht, denn er ist ein Organisierer. Gela dagegen ist eine Spontanverkäuferin. Spontanverkäufer

- fühlen sich durch Regeln, Termine und Vorschriften in ihrer Freiheit und Kreativität behindert.
- lieben das kreative Chaos.
- können sich auch an stark wechselnde Gegebenheiten blitzschnell anpassen.

- sind weniger ergebnis-, dafür stärker verfahrens- und prozessorientiert.
- halten Vereinbarungen nur bis zu dem Zeitpunkt für verbindlich, bis man sie wieder umwirft.
- fühlen sich durch Verkaufsschemata in ihrer kreativen Freiheit eingeschränkt.

Ein Kunde ist vier Kunden

Wir können jeden Menschen anhand von vier typischen Persönlichkeitsmerkmalen charakterisieren; jeden Kunden, jeden Verkäufer. Sie ahnen inzwischen, was das für Ihren Verkaufserfolg bedeutet. Es bedeutet, dass Sie ständig Ihre vier eigenen Charaktermerkmale im Auge behalten und während des Kundengesprächs auf die vier Merkmale des Kunden abstimmen sollten – wenn Sie möglichst rasch und sicher zum Abschluss kommen möchten. Im Idealfall stimmt der Kunde mit Ihren vier Charakterzügen überein. Dann ergibt sich die magische Passung von alleine. Das sind die Kunden, mit denen Sie «können», mit denen Sie ohne jede Anstrengung toll zurecht kommen. Leider ist dieser Idealfall, wie Sie bereits bemerkt haben werden, recht selten. Die Anzahl der Idealkunden, die praktisch von alleine kaufen, ist in jedem guten Kunden-Portfolio äußerst gering.

Ein Kompliment an Sie

Die meisten Verkäufer beklagen diese Portfolio-Schwäche: «Warum können nicht alle meine Kunden Kaffeekunden sein?!» Für Verkaufslaien: Ein Kaffeekunde ist der Inbegriff des angenehmen Kunden, weil er sagt, sobald er Sie sieht: «Ah, da sind Sie ja! Kommen Sie rein, möchten Sie einen Kaffee?» Die meisten Kunden sagen oder denken sich nämlich: «Sie schon wieder! Haben wir etwa einen Termin? Ich habe jetzt keine Zeit!»

Durchschnittsverkäufer beklagen, dass nicht alle Kunden Kaffeekunden sind. Sie lesen selten Bücher über Menschenkenntnis und hoffen einfach, dass die Kunden sich doch bitte schön möglichst bald ändern. Das heißt, dass ein Glückwunsch angebracht ist: Sie sind ganz offensichtlich und offiziell kein Durchschnittsverkäufer. Denn Sie lesen erstens dieses Buch und wissen zweitens ganz genau:

Es ist Humbug, zu wünschen, dass alle Kunden Kaffeekunden sein sollen. Ein guter Verkäufer muss mit allen Kunden zurecht kommen. Und dazu braucht er Menschenkenntnis.

Kunden sind anders, Verkäufer auch

Im schlimmsten Fall ist der Kunde das exakte Gegenteil von Ihnen – und zwar in allen vier entscheidenden Punkten des Persönlichkeitsprofils! Dann werden Sie in einem solchen Gespräch eben alle vier Punkte ständig im Auge behalten und in allen vier Punkten bewusst die Übereinstimmung suchen müssen. Anstrengend ist das nicht, nur ungewohnt. Dafür ist es schon nach den ersten Versuchen sehr lohnend: Es motiviert ungemein, wenn Sie auf diese Weise jahrelang «unknackbare» Kunden plötzlich im Handumdrehen knacken.

Zwischen beiden Extremen liegt der häufigste Fall: Die meisten Kunden werden in zwei oder drei Zügen von Ihrem Profil abweichen. Behalten Sie während des Gesprächs einfach diese abweichenden Parameter im Auge – und der Abschluss ist Ihnen sicher. Dieses Im-Auge-Behalten beginnt bereits beim alles entscheidenden Rapport, dem wir uns nun zuwenden.

4. Ohne Rapport keinen Umsatz

> *«Nicht da ist man daheim, wo man seinen Wohnsitz hat, sondern wo man verstanden wird.»*
> CHRISTIAN MORGENSTERN

Freundlich allein reicht nicht

Die meisten Verkäufer behandeln ihre Kunden höflich, freundlich, zuvorkommend. Ist das denn nötig? Ob der Kunde kauft oder nicht, hängt doch sowieso nur vom Preis ab! Das behaupten zwar die meisten Verkäufer, wenn sie über den schleppenden Umsatz klagen. Doch keiner glaubt so fest daran, dass er seinen nächsten Kunden vorsätzlich unfreundlich, herablassend oder respektlos behandeln würde.

Denn im Grunde seines Herzens weiß jeder: Fühlt der Kunde sich mies behandelt, geht er einfach zum Mitbewerber oder rächt sich mit vielen Einwänden – darunter auch Rabattforderungen! Es ist also gerade umgekehrt, als immer beklagt wird: Wenn der Kunde am Preis herummeckert, liegt das oftmals weniger am Preis, sondern eher daran, dass der Kunde sich schlecht behandelt fühlt. Der Kunde sagt dann nicht: «Ich fühle mich schlecht behandelt!», sondern: «Ich will Rabatt!» Es ist daher entscheidend, dass man den Kunden gut behandelt. Damit er nicht meckert, sondern kauft. Und das mit möglichst wenigen Einwänden. Was die meisten Verkäufer leider nicht wissen:

> ***Freundlichkeit reicht nicht!***

Was gehört dazu? Sie ahnen es: Übereinstimmung in den vier Eckpunkten seines Persönlichkeitsprofils. Denn nur wenn der Verkäufer sich auf diese vier Eckpunkte seines Kunden einstellen kann, empfindet ihn der Kunde als sympathisch, vertrauens- und glaubwürdig, kompetent, verständlich und überzeugend. Und erst dann lässt er sich auch von seinen Sachargumenten überzeugen. Das heißt: Argumente ohne Vertrauen überzeugen nicht! Sie als Kunde doch auch nicht, oder?

Kunden empfinden diejenigen Verkäufer als freundlich und kompetent, die sich auf ihre vier Charakterzüge einstellen (können).

Wer sich auf den Kunden einstellen kann, findet den Draht zu ihm. Wie jeder erfahrene Verkäufer bestätigen kann, ist dieser Draht – nicht das Produkt oder der Preis – kaufentscheidend.

Passen die Persönlichkeiten von Verkäufer und Kunde nicht zusammen, kommt das Geschäft nicht oder nur unter großen Schwierigkeiten, Einwänden und Anstrengungen zu Stande.

Die Beziehung verkauft

Diese magische Passung der Persönlichkeiten, diesen Rapport kennt jeder Verkäufer. Die guten spüren ihn sogar. Sie können nach einem Kundengespräch exakt die Stelle im Gespräch nennen, bei der «es geschnackelt hat», wo sie den Zugang zum Kunden schafften, den Draht zum Kunden fanden, die Beziehung herstellten. Viele sagen: «Danach war das Gespräch kinderleicht. Es lief einfach!» Deshalb spricht die Verkaufslehre auch davon, dass der grundsätzlich beziehungsorientierte dem produktorientierten Verkauf überlegen ist: Wenn es «schnackelt», merkt man förmlich, wie der Damm bricht und das Gespräch mühelos, leicht und zunehmend erfreulich wird.

Gute Verkäufer bemerken nicht nur die Nähe. Sie bemerken das Gegenteil viel häufiger, wenn sie den Kunden im Gespräch «verlieren». Das heißt: Wenn der Rapport sinkt oder bricht. Ohne Menschenkenntnis hat man dann den Kunden meist endgültig verloren. Mit Menschenkenntnis holen Sie ihn leicht und locker zurück.

Was Kunden an Verkäufern stört – Der Kontaktschwache

Wenn die Passung der Persönlichkeiten, der so genannte Rapport kaufentscheidend ist, warum finden Verkäufer dann oft nicht diesen alles entscheidenden Draht zum Kunden? Wir haben das Problem mal aus einer ganz ausgefallenen Perspektive betrachtet: aus der Sicht des Kunden. Wir haben Kunden gefragt, was sie von ihren Verkäufern halten. Hier einige Rückmeldungen:

- «Eine Stimmungskanone ist er ja nicht gerade!»
- «Ich bin bei ihrer Präsentation fast eingeschlafen. Sie hat dauernd nur in ihre Unterlagen gestarrt!»
- «Sie ist fachlich okay, aber bis sie mal auftaut – das dauert!»
- «Wenn wir abends nach der Messe noch einen draufmachten, hat er sich nie blicken lassen.»

Fällt Ihnen etwas auf? Über welche Verkäufer beklagen sich die Kunden da? Nehmen Sie als Spickzettel ruhig die Typentafel der Verkäufertypen (s. Kapitel 2, Seite 39) zur Hand. Es fällt Ihnen auf, dass sich die Kritik der eben zitierten Kunden gegen eine ganz bestimmte Verkäufereigenschaft richtet: gegen die Introversion. Woher kommt diese Kritik? Welche Eigenschaft haben die Kritiker? Auch diese Frage können Sie beantworten: Die eben zitierten Kunden sind ganz offensichtlich extravertierter als die sie betreuenden Verkäufer. Diese Kunden sind kontaktfreudig, offen, sehr gesprächig – und das erwarten sie auch ganz unbewusst von einem «guten» Verkäufer.

Menschen erwarten unbewusst, dass alle anderen Menschen so sind wie sie selbst. Das finden sie an anderen sympathisch.

Die eben zitierten extravertierten Kunden hegen die unbewusste Erwartung, dass ihr Verkäufer ebenso extravertiert ist wie sie selbst. Diese Erwartung enttäuschen die kritisierten Verkäufer. Denn sie sind introvertiert oder zumindest introvertierter als die Kunden.

Wer die Erwartungen des Kunden enttäuscht, (zer)stört den Rapport. Wer seine Erwartungen erfüllt, stellt Rapport her – und erleichtert sich das Verkaufen immens.

Wenn der Kunde die Hosen runterlässt: Schauen Sie hin!

Als wir mit den kritisierten Verkäufern sprachen, sagten einige: «Die Kunden wollen einen Entertainer? Ich bin doch kein Thomas Gottschalk! Ich bin … (Ingenieur, Techniker, Berater …)! Ich spiele nicht den Clown für die Kunden! Das wäre ja noch schöner! Das ist doch unseriös!» Unseriös? Was ist das? Ein Werturteil.

Verkneifen Sie sich Werturteile. Sie vernebeln den Blick.

Dass die Kunden einen Entertainer möchten, ist zunächst einmal weder seriös noch unseriös. Es ist schlicht ein Wunsch. Dieser Wunsch gibt Ihnen einen Hinweis auf die Persönlichkeit der Kunden, der bares Geld wert ist. Der Kunde entblösst sich vor Ihren

Augen und sagt Ihnen mit seinem Wunsch nach einem Entertainer: «Ich bin extravertiert! Deshalb wünsche ich mir einen Entertainer als Verkäufer!»

Verurteilen Sie Kundenwünsche nicht, sondern erkennen Sie dahinter die Persönlichkeit des Kunden.

Wer Kundenwünsche wertet, verurteilt oder sich lustig darüber macht, dem entgeht leider oft genug der abschlussentscheidende Hinweis auf einen Charakterzug seines Kunden.

Für einen Verkäufer mit Menschenkenntnis sagt die Kritik des Kunden wenig über den Kritisierten selbst und alles über den Kunden aus: Alle zitierten Kunden outeten sich mit ihrer Kritik selbst als extravertiert. Wenn Sie einem Extravertierten geben, was er erwartet, dann gibt er seine entsprechenden Einwände auf und kauft – und dafür müssen Sie weder Ihr Produkt ändern noch Rabatt geben! Die Passung der Persönlichkeiten ist viel kaufentscheidender als die Änderung von Produkt oder Preis! Überspitzt:

Wenn einem Kunden Ihre Persönlichkeit nicht passt, verlangt er einen Preisnachlass.

Taktische Schizophrenie

Was machen Sie, wenn Sie introvertiert sind? Sich die Kugel geben, sobald Sie auf einen extravertierten Kunden treffen? Nein, natürlich nicht. Nur noch introvertierte Kunden beraten? Davon können Sie nicht leben. Denn man geht davon aus, dass nur 25 Prozent der Bevölkerung in Nordamerika und Westeuropa introvertiert sind. Der überwiegende Teil der Menschen ist mehr oder minder extravertiert – es sei denn, Sie geraten zufällig an eine überwiegend introvertierte Zielgruppe.

Wenn Sie sich einmal umschauen, werden Sie einige introvertierte Verkäufer erkennen, die volle Auftragsbücher mit sich herumtragen, obwohl sie auch an Extravertierte verkaufen. Wie schaffen die es, auch bei extravertierten Kunden zu landen? Ganz einfach. Sie haben sich über die Jahre ein extravertiertes Gesprächsverhalten zugelegt. Sie haben mit der Zeit mitbekommen, dass ihre Kunden auch mal den Entertainer und Kumpeltyp wünschen und geben diese Rolle hin und wieder mit Gusto. Extraversion kann man nämlich lernen wie Radfahren, es ist nicht schwieriger oder langwieriger zu erlernen.

Jeder Introvertierte kann lernen, mit seinen Kunden auch mal abends einen draufzumachen. Er oder sie kann lernen, auch mit einem großen Publikum hin und wieder Blickkontakt herzustellen oder auch mal über Persönliches zu reden, weil extravertierte Kunden das sehr schätzen. Er kann lernen, einen Kunden kurz zu begrüßen und etwas Smalltalk zu führen, wenn er ihn überraschend auf der Straße oder am Flughafen trifft. Er kann lernen, sich an den Redeschwall der Extravertierten anzupassen.

Würde Ihnen auch nur eine einzige der eben aufgezählten extravertierten Neigungen das kleinste Problem bereiten? Nein. Das kriegen Sie ohne weiteres hin – sofern Sie beginnen, darauf zu achten und es einige Male üben.

Denn auf Anhieb gelingt auch eine so kleine Umstellung selten zur vollen Zufriedenheit. Es kommt dabei vor allem darauf an, dass Sie es rechtzeitig bemerken, wenn Sie einem extravertierten Kunden begegnen, damit Sie bewusst den Schalter im Kopf auf «Extraversion» stellen können.

Das nennt man taktische Schizophrenie: Ein Introvertierter legt sich für den Verkauf quasi eine zweite, extravertierte Persönlichkeit zu, die er nach Belieben anschalten kann, wenn er auf Extravertierte trifft. Das kostet zwar am Anfang etwas Eingewöhnung und Übung – doch es macht nach kurzer Zeit kolossal Spaß, weil alle Menschen von Kind an gerne in andere Rollen schlüpfen.

Mancher Introvertierte findet es sogar richtig befreiend, mal aus sich herauszugehen. Andere wiederum strengt es etwas an – doch wie eine sehr introvertierte Avon-Beraterin(!) meinte: «Es ist eine gute Anstrengung, weil sie dem Kunden nützt und mir Umsatz bringt – abends erhole ich mich dann wunderbar bei langen Spaziergängen mit meinem Hund.»

Wenn Kunden Verkäufer für Clowns halten

Gehen wir zu unserer Kundenbefragung zurück und betrachten eine zweite Kundengruppe, die sich bitter über ihre Verkäufer beschwert:

- «Diese Kumpeltypen mag ich nicht!»
- «So, wie sie mit der Tür ins Haus fiel – das ist doch unseriös!»
- «Das ist kein Verkäufer, das ist ein Clown mit Sales Folder!»
- «Ich kann diese Beraterin einfach nicht ernst nehmen.»

Was passiert hier? Klar, hier üben Kunden mächtig Kritik. Doch was steckt dahinter? Doofe Kunden? Das ist die Ausrede des Verkäufers ohne Menschenkenntnis. Wer über etwas Menschenkenntnis verfügt, erkennt sofort: Hier finden Verkäufer offensichtlich nicht den richtigen Draht zum Kunden – deshalb beklagen diese sich.

Glauben Sie, dass die kritisierten Verkäufer schnell zum Abschluss kommen? Bestimmt nicht, solange die Kunden noch so schlecht über sie reden. Was sind das für Kunden? Sie haben es vielleicht schon erraten: Offensichtlich sind die kritisierenden Kunden allesamt introvertiert. Und die Verkäufer, die von ihnen kritisiert werden? Die sind dann wohl extravertiert.

Extravertierte Verkäufer wirken auf introvertierte Kunden kumpelhaft, anbiedernd, unseriös – selbst wenn sie das Gegenteil bezwecken möchten!

Für Ihren Eindruck auf den Kunden ist Ihre Absicht irrelevant. Das Einzige, was zählt, ist Ihre Wirkung.

Und Ihre Wirkung wird eben überwiegend von Ihren vier Verhaltensprädispositionen, wie das im Fachjargon heißt, bestimmt. Diese Wirkung ist negativ, wenn Sie als Extravertierter auf typische Technik-Experten, IT-Spezialisten, Buchhalter, Controller, Ingenieure, Forscher und Entwickler oder Mitarbeiter aus Forschungseinrichtungen treffen. Denn diese Berufsgruppen sind vorwiegend mit Introvertierten besetzt. Wie gehen Sie hier vor? Einfach nicht mehr besuchen?

Hören Sie auf, introvertierte Kunden zuzutexten!

Auch als Extravertierter können Sie bei jedem Introvertierten den Rapport herstellen. Wie? Indem Sie Ihren Redefluss ganz bewusst wahrnehmen. Gewiss, Sie empfinden Ihre übliche Argumentation nicht als Redefluss – der introvertierte Kunde hingegen schon! Und auf den Kunden kommts an, wie wir alle wissen. Also reduzieren Sie ganz bewusst Ihren Redefluss und passen Sie sich an das reduzierte Sprachvolumen eines Introvertierten an. Auf Deutsch:

Texten Sie als Extravertierter introvertierte Kunden nicht zu!

Extravertierte machen das gerne, weil sie eben ganz unbewusst gerne reden. Sie texten den Kunden fatalerweise umso eher und lieber zu, je stärker der Kunde schweigt. Das ist aktive Selbstsabotage. Ein Introvertierter schweigt nämlich nicht, weil er Sie dazu einladen möchte, ihn zuzutexten. Er schweigt, weil ihn Ihr Gerede nervt und es seinem Naturell widerspricht, mit ebenso vielen Worten mit- oder schlimmer: dagegenzuhalten.

Indem Sie es ganz langsam mit ihm angehen lassen, sich bewusst zurücknehmen, dem Kunden Zeit geben, mit Ihnen warm zu werden, ihn nicht bedrängen, nicht kumpelhaft werden, Ihre Späße erst mal stecken lassen und ihm vor allem seine Rückzugsmöglichkeiten zugestehen, tauen Sie jeden Introvertierten gekonnt auf. Selbst wenn er nach 20 Minuten das Erstgespräch abbrechen möchte, tun Sie ihm den Gefallen und vereinbaren einen Folgetermin. Er fühlt sich in diesem Fall nicht von Ihnen überfahren, sondern muss nach dem ungewohnten Neukontakt erst mal wieder seine Batterien in der Abgeschiedenheit der eigenen vier Wände aufladen.

Wenn Sie als Extravertierter einen Introvertierten beraten, reden Sie sehr, sehr viel weniger als sonst! Sonst geht das ins Auge.

Nehmen Sie 's doch nicht persönlich!

Extravertierte Verkäufer klagen oft über introvertierte Kunden:

- «Bei dem blitze ich total ab! Der sitzt nur da und schweigt mich an!»
- «Ich glaube, der hält mich für den größten Idioten!»
- «Sie behandelt mich derart von oben herab.»
- «Ich muss ihr jedes einzelne Wort aus der Nase ziehen!»

Diese Eindrücke sind verständlich – wenn man keine Menschenkenntnis hat. Hat man sie, dann weiß man: «Was der Kunde mir zeigt oder sagt, hat zunächst einmal gar nichts mit mir, dafür aber eine Menge mit ihm selbst zu tun!»

Hören Sie auf, Kundenverhalten reflexhaft persönlich zu nehmen.

Sie machen sich damit nur selbst verrückt. Der Kunde findet Sie nicht blöd, er ist bloß introvertiert! Viele Verkäufer erleichtert das ungemein. Denn ihre schlimmsten Befürchtungen erweisen sich als unbegründet:

Der Kunde hat nichts gegen Sie! Er ist bloß anders als Sie!

Oder anders formuliert:

Schwierige Kunden sind nicht schwierig. Sie sind bloß anders!

Warum fällt das nicht leicht?

Es ist nicht leicht, damit aufzuhören, Kundenbekundungen persönlich zu nehmen. Warum nicht? Weil man als Verkäufer immer unter einem gewissen Druck steht. Dem Druck, verkaufen zu müssen, überzogene Ziele erreichen zu müssen, vom Kunden akzeptiert zu werden. Da nimmt man jedes Stirnrunzeln des Kunden gleich als persönliche Anklage. Das läuft meist unbewusst ab. Sobald Sie sich das bewusst machen, hat das Unbewusste jedoch keine Macht mehr über Sie. Wenn der Kunde also komisch guckt, dann nehmen Sie das nicht persönlich, sondern vielmehr zum Anlass, eine bessere Passung zu erreichen.

Visionäre kaufen nicht bei Erbsenzählern

Wenn Sie als Realist auf ebenso realistische Kunden treffen, werden diese begeistert von Ihnen sein. Sie werden Dinge über Sie sagen wie:

- «Er kennt sich total gut aus.»
- «Sie spricht aus Erfahrung, das merkt man gleich.»

- «Er hat auf jede Frage eine Antwort.»
- «Sie beherrscht die Materie vorwärts und rückwärts.»

Diese Begeisterung lassen die Kunden Sie auch spüren. Das tut gut. Warum reden diese Kunden so gut über Sie?

Weil Sie ein Realist sind und diese Kunden ebenfalls. Berät ein Realist einen anderen Realisten, «schnackelt» es sofort, der Rapport stellt sich von alleine ein, weil die beiden eben so gut übereinstimmen. Peter, der Radverkäufer (s. Kapitel 1, Seite 16/17), ist zum Beispiel der Traumverkäufer aller Tüftler und Bastler. Wenn jedoch ein Realist versucht, visionären Kunden zu verkaufen, erntet er wie Peter Misserfolg und Kritik:

- «Was für ein Erbsenzähler!»
- «Ich bin bei ihrer Präsentation eingeschlafen: tausend Details und kein Überblick!»
- «Total langweilig.»
- «Was für ein lästiger Rechthaber!»
- «Ich bin verwirrt. Mir schwirrt der Kopf!»

Die meisten visionären Kunden reagieren auf pragmatische Detailverkäufer wie Peter mit Langeweile, geistiger Abwesenheit, Ablehnung, vielen lästigen (und in den Augen des Verkäufers) abstrakten Fragen oder Nichtabschluss: Sie gehen nach dem Gespräch raus und kaufen nicht. Nicht weil das Angebot nichts taugt, sondern weil der Verkäufer sie so gelangweilt hat, dass sie diese Langeweile mit Angebotsmängeln verwechseln und denken: «Nö, das ist nichts für mich!» Das ist vielleicht die größte Gefahr mangelnder Menschenkenntnis:

Die Persönlichkeit beschädigt das Produkt.

Die Persönlichkeit schadet dem Produkt: Irradiation

Ein Schlagwort der Verkaufspsychologen lautet: Irradiation – Ausstrahlung. Es bezeichnet das Phänomen, dass persönliche Eigenschaften auf andere Dinge ausstrahlen. Findet ein Kunde zum Beispiel einen Verkäufer unsympathisch, dann sagt er sich eben nicht: «Der Kerl ist mir unsympathisch, aber sein Angebot ist okay.» Denn der Kunde macht keinen Unterschied zwischen Persönlichkeit und Produkt (dazu fehlt ihm meist die Menschenkenntnis). Nein, die mangelnde Sympathie strahlt quasi auf die Produkteigenschaften aus und beschädigt die wahrgenommene Qualität des Angebots. Der Kunde sagt sich: «Das Angebot taugt nichts!»

Kundenversuche zu diesem Phänomen sind erschreckend: Lässt man einen rapportkundigen Verkäufer ein Produkt präsentieren, dann kriegt das Produkt, sagen wir, im Schnitt die Note 2. Lässt man dasselbe Produkt von einem Verkäufer präsentieren, der keinen Rapport zum Kunden herstellt, dann kriegt dasselbe Produkt von einer identisch zusammengesetzten Kontrollgruppe plötzlich die Note 4 – obwohl sich am Produkt rein gar nichts geändert hat! Nur der Verkäufer hat sich geändert – aber das ist den Kunden nicht bewusst! Spitzenverkäufer kennen die Irradiation und setzen sie zu ihrem Vorteil ein:

Ist der Verkäufer rapportstark, wirkt sein Angebot viel besser.

Manchmal kaufen die Kunden tatsächlich «den größten Mist», wie ein Verkaufsleiter schmunzelt – nur weil die Beziehung zum Verkäufer derart gut, der Rapport so stark ist.

Je stärker Ihr Rapport, desto schwächer kann Ihr Angebot sein.

Aus diesem Grund können kleine, wendige Firmen mit qualitativ schlechteren Angeboten gegen Weltkonzerne bestehen: Sie haben die besseren, sprich die rapportstärkeren Verkäufer. Ihre Kunden kaufen auch gerne das schlechtere Angebot, weil es aus ihrer Sicht eben nicht schlechter ist. Wenn sich herausstellt, dass das Angebot objektiv schlechter ist, bereuen dies die Kunden nicht mal. Sie stehen in Treue fest zu ihrem rapportstarken Berater und sagen: «Das hat mir der … (Verkäufer) empfohlen. Das hat schon seine Richtigkeit.»

Wohlgemerkt: Gravierende Qualitätsmängel können Sie auch nicht mit einem exzellenten Rapport ausgleichen. Doch mit einem guten, qualitativ leicht unterlegenen Produkt können Sie dem Qualitätsführer in Ihrer Branche jederzeit jeden Auftrag wegschnappen – wenn Sie deutlich rapportstärker sind! Das heißt: Mit diesem Buch in der Hand müssen Sie sich nicht vor dem berüchtigten Verdrängungswettbewerb fürchten, selbst da behalten Sie die Oberhand.

«Aber das muss der Kunde doch wissen!»

Viele Realisten im Verkauf merken irgendwann, dass sie bestimmte Kunden (eben Visionäre) mit ihren Details langweilen, aber: «Die technischen Hintergründe muss der Kunde doch wissen, wie soll er sich sonst ein fundiertes Urteil über mein Angebot machen können?» Klingt logisch. Leider gilt:

Verkaufen ist nicht sehr logisch. Verkaufen ist sehr psychologisch.

Wenn ein Kunde einfach keine Details hören möchte, dann schlägt die Psychologik klar die Logik. Außerdem hat das Argument noch einen Fehler: Seit wann bestimmt der Verkäufer, was der Kunde wissen muss? Diese Einstellung zeichnet Oberlehrer aus – und Sie wissen, wie beliebt Oberlehrer sind. Dass der Kunde bestimmte Details einfach kennen muss – damit mögen Sie noch so Recht haben. Doch wenn Sie den Rechthaber spielen, (zer)stören Sie den Rapport.

Rechthaben zerstört den Rapport.

Es geht nicht darum, dass Sie dem Kunden diktieren, was er wissen muss. Es geht darum, dass Sie dem Kunden trotz seiner Detailabneigung so viele Details mitgeben, wie er vertragen kann – aber kein einziges mehr! Das ist die Kunst des Verkaufens.

Hören Sie auf, Kunden erziehen oder überzeugen zu wollen. Gehen Sie lieber auf ihre Persönlichkeit ein. Das funktioniert besser.

Wie verkauft man Visionären?

Indem man sich auf sie einstellt und sie mit Details verschont, die sie nicht hören möchten. Indem man in großen Zusammenhängen zu ihnen redet. Indem man in Bausch und Bogen präsentiert und argumentiert, sich auf das Wesentliche konzentriert und noch einige andere Besonderheiten von Visionären beachtet. Wie das im Einzelnen aussieht, betrachten wir ausführlich in Kapitel 6 (ab Seite 119), denn dort geht es um die Argumentation. Wichtig an dieser Stelle ist, dass Sie sich ein grundlegendes Rapportprinzip einprägen:

Rapport muss während des gesamten Kundengesprächs gehalten werden.

Die meisten Verkäufer gehen zwar zu Beginn eines Gesprächs persönlich auf den Kunden ein und reden übers Wetter, den Urlaub oder die Familie, um ihn anzuwärmen. Das ist prima. Das stellt den Rapport her. Doch danach tun Verkäufer so, als ob dieser anfänglich hergestellte Rapport dann automatisch bis zum Ende des Gesprächs halten müsse. Das ist ein Irrtum.

Der gute Draht zum Kunden reißt exakt in dem Moment, in dem zum Beispiel ein Detailverkäufer wie Peter nach dem Smalltalk damit beginnt, den Kunden mit Details zuzutexten: Dann reißt der Draht bei der Argumentation.

Halten Sie den Rapport zum Kunden während des kompletten Gesprächs.

Halten Sie ihn während der Bedarfsermittlung, der Präsentation und Argumentation, während der Einwandsbehandlung, dem Abschluss und den After Sales.

Pragmatiker kaufen nicht bei Schwaflern

Wenn ein visionärer Verkäufer auf visionäre Kunden trifft, stellt sich der Rapport von selbst ein, weil beide vom Typ her so wunderbar zueinander passen. Trifft er auf einen Realisten, ist das Unheil vorprogrammiert. Realisten sagen über visionäre Verkäufer:

- «Was für ein Schwafler!»
- «Die redet völlig abgehobenes Zeug.»
- «Er erzählt mir immer, was mit dem Produkt alles machbar ist – aber Referenzen oder Erfahrungswerte hat er keine. Das ist doch ein ausgemachter Schwindel!»
- «Typisch Frau, hat keine Ahnung von der Praxis.»

Ganz schön böse, nicht? Aber so denken oder reden Realisten, wenn sie von Visionären beraten werden. Sie denken «typisch

Frau» oder «Schwafler», weil sie noch weniger Menschenkenntnis haben als der Verkäufer und nicht erkennen können, dass es nicht an der Frau oder dem Schwafler liegt, sondern daran, dass ihre beiden Persönlichkeitsprofile nicht übereinstimmen. Wie Sie als Visionär trotzdem erfolgreich an Realisten verkaufen, betrachten wir in Kapitel 6 (ab Seite 119), denn das ist eine Frage der Nutzenargumentation.

Der arrogante Hund

Der Unterschied zwischen Kopf- und Bauchmenschen fällt selbst Laien ins Auge. Trifft ein verkaufender Kopfmensch auf einen kaufenden Kopfmenschen, ist alles in Butter. Ingenieure verkaufen zum Beispiel recht gerne und erfolgreich an andere Ingenieure (unter Ingenieuren ist der Kopfmenschenanteil relativ hoch). Trifft ein Kopfverkäufer jedoch auf Bauchkunden, gibt es Ärger, dem in der Kundenbefragung dann so und ähnlich Luft gemacht wird:

- «Er ist zwar kompetent, aber menschlich ...»
- «Was für ein arroganter, kaltschnäuziger Hund!»
- «Sie trägt die Nase recht hoch, ich glaube, sie hält sich für was Besseres.»
- «Der geht über Leichen!»
- «So kann man doch mit Menschen nicht umgehen!»

Ja, Kopfverkäufer kommen im Urteil von Bauchkunden ziemlich schlecht weg. Der Kopfmensch *verhält* sich zwar sachlich, korrekt und objektiv. Doch er *wirkt* kalt, oft gefühllos und manchmal arrogant. Wer so wirkt, kann eine nobelpreisverdächtige Argumentation oder Präsentation hinlegen, er kann Marktführer sein und das beste und billigste Produkt der Welt haben – das nützt ihm oder ihr dann nicht sehr viel, weil er oder sie menschlich durchgefallen ist.

Den Draht zu Bauchkunden finden

Wenn Sie sich eher als Kopfmenschen einschätzen, können Sie dann überhaupt bei Bauchkunden landen? Ja, absolut. Wie? Indem Sie auf sie eingehen. Genauer: Indem Sie ihnen das anbieten, was ihrer Persönlichkeitsstruktur und damit ihren persönlichen Bedürfnissen entspricht.

Ein überzeugendes Produkt befriedigt in erster Linie die sachlichen Bedürfnisse des Kunden, die Persönlichkeit des Verkäufers seine persönlichen Bedürfnisse. Fehlt einer dieser beiden positiven Komponenten, kommt kein Abschluss zu Stande – oder nur unter großen Schwierigkeiten und Einwänden.

Bauchmenschen legen sehr viel Wert auf eine gute Stimmung vor und während eines Beratungsgesprächs. Vorsicht, Falle! Denn Kopfverkäufer haben die Tendenz, «schnell zur Sache» zu kommen. Sie halten nicht viel von Stimmungspflege: «Was soll der Schmus? Ich rede mit dem Kunden doch nicht übers Wetter! Ich habe Besseres zu tun! Ich rede auch nicht mit ihm über seine Familie oder seine persönlichen Probleme! Das geht mich doch gar nichts an! Außerdem bin ich kein Seelsorger, sondern Verkäufer.»

Das mag ja alles stimmen, aber: Wenn der Kunde eine gute Stimmung wünscht, dann, bitte schön, soll er sie kriegen! Denn sonst kauft er nicht. Also machen Sie mit einem Bauchmenschen ruhig und gerne Stimmung. Zu Beginn des Gesprächs und immer mal wieder zwischendurch. Holen Sie ihn zunächst einmal emotional ab. Wo steht er gefühlsmäßig, wenn das Gespräch beginnt? Fragen wie «Wie geht's denn so?» empfindet der Bauchmensch (im Gegensatz zum Kopfmenschen) nicht als Platitüde, sondern als einfühlsame Aufforderung zum zwischenmenschlichen Austausch.

Wenn ein Kopfverkäufer «gleich zur Sache» kommt, empfindet das ein Bauchkäufer als «mit der Tür ins Haus fallen».

Die Sprache des Bauchs lernen

Kopfverkäufer haben vor der Stimmungspflege bei Bauchkunden oft Angst: «Aber was soll ich denn sagen? Mir fällt nichts Gefühlsbetontes ein! Da kann ich doch nicht mitreden!» Brauchen Sie auch nicht.

Sie reden immer noch am besten mit, wenn Sie einfach nur zuhören – und vor allem als aufrichtig interessierter Zuhörer nonverbal Anteilnahme signalisieren: nicken, die Mimik des Kunden spiegeln. Wenn er sorgenvoll die Stirn in Falten legt, tun Sie das ebenfalls! Alles andere wäre der Affront, der Ihnen die oben aufgeführten Verurteilungen einbrächte.

Gefühlsbetont reden geht (bei Kopfmenschen) oft schief. Gefühlsbetont fragen geht selten schief.

Eine kleine Auswahl gefühlsbetonter Fragen, die ein Bauchkunde dankend annehmen und dankbar beantworten wird:

- «Wie geht 's Ihnen denn so?» (bei der Gesprächseröffnung)
- «Damit fühlen Sie sich nicht wohl?» (bei der Argumentation oder Einwandsbehandlung)
- «Haben Sie ein gutes Gefühl dabei?» (bei der Abschlussvorbereitung)
- «Was bedrückt Sie dabei?» (Wenn er eine Schnute zieht.)

Noch eine Angst von Kopfverkäufern: «Aber wenn ich auf seine Gefühle einsteige, dann hört der Kunde doch nicht auf zu jammern!» Doch, tut er. Nach zwei, drei Minuten ist sein Bedürfnis nach Anteilnahme gestillt, und Sie können das Gespräch behutsam zum Sachinhalt führen. Denn der Kunde ist zwar stark gefühlsgesteuert – aber dämlich ist er nicht!

Gefühle sind Einstellungssache

Wenn Sie als Kopfmensch auf einen Bauchmenschen treffen, ist Ihre innere Einstellung viel wichtiger als alle sprachlichen Formulierungen:

> ***Treffen Sie auf einen Bauchmenschen, sagen Sie sich während des Gesprächs immer und immer wieder: Dies ist ein Mensch, der Gefühle hat und dem diese Gefühle sehr wichtig sind.***

Diese Gefühle sind ihm mindestens genauso wichtig wie Ihre Sachargumente – oft noch viel wichtiger! Wenn Sie dieses Mantra im Kopf behalten, stellen Sie sich als scharf denkender Kopfmensch nämlich automatisch die alles entscheidende Frage:

> ***Was ich gleich sagen werde – welche Wirkung hat das auf die Gefühle des Kunden?***

Wenn Sie sich diese Frage stellen, werden Sie sich bewusst sein, was Sie und vor allem wie Sie es sagen – und damit kommen Sie beim Bauchmenschen an. Er wird über Sie sagen: «Er ist mir einfach sympathisch. Ich habe ein gutes Gefühl bei der Sache. Er ist richtig nett.»

> ***Orientieren Sie sich an den Gefühlen des Bauchkunden, und Sie werden in allen Gesprächsphasen den Rapport halten.***

Das Primat der Präsentation

Was ist wichtiger? Der Rapport oder die Präsentation? In der Praxis ist die Antwort einfach:

Ungeschulte Verkäufer konzentrieren sich derart auf ihre Sachargumentation und Präsentation, dass sie den Rapport aus den Augen verlieren.

In Verkäufertrainings gibt es dazu ein fieses Rollenspiel: Der Teilnehmer spielt den Verkäufer (also sich selbst), der Seminarleiter den Kunden. Der Kunde lässt den Verkäufer eine Minute präsentieren, dann lässt er seinen Blick schweifen, schaut zur Decke oder zum Fenster raus – und stoppt die Zeit, die der Verkäufer braucht, um sein Abschweifen zu bemerken. (Wie lange brauchen Sie im Schnitt bei Ihren Kundengesprächen dazu?)

Viele Verkäufer bemerken das Abschweifen viel zu lange nicht, weil sie ganz auf ihre Sachargumentation konzentriert sind. Viele andere bemerken es irgendwann und versuchen prompt, die Aufmerksamkeit des Kunden zurückzugewinnen. Wie? Richtig geraten: Indem sie noch mehr und noch lebhafter argumentieren, eben um noch «überzeugender» zu sein. Leider erreicht dieses «Mehr desselben» das Gegenteil, wie Sie sicher auch schon erfahren haben.

Überzeugung funktioniert nicht. Menschenkenntnis funktioniert.

Damit beantwortet sich die oben gestellte Frage von allein: Der Rapport ist wichtiger als die Präsentation und die Argumente. Denn wenn der Rapport nicht vorhanden ist, gehen auch die besten Argumente am Kunden vorbei. Das heißt:

Während Sie sozusagen mit dem rechten Auge Ihrer Präsentation folgen, folgen Sie mit dem linken dem Kunden: Wird der Rapport schwächer – sofort Argumentation unterbrechen und Rapport stärken!

Das Primat des Rapports

Unterbrechen Sie Ihre Argumentation sofort, wenn der Rapport schwächer wird. Sonst argumentieren Sie nämlich gegen die Wand. Diese Priorisierung nennt man auch das Primat des Rapports: Der Rapport kommt vor allem anderen.

Wird der Rapport schwächer, checken Sie die vier Verhaltensparameter ab: An welchem der vier liegt es?

Michael zum Beispiel berät gerade eine Ressortleiterin, die er klar als INFP erkannt hat: Eine introvertierte, visionäre Bauchkundin, die sich ungern festlegt. Als sie mitten im Gespräch den Blickkontakt abbricht und ihr Blick zu schweifen beginnt, stellt sich Michael zu jedem der vier Parameter eine Frage (die Buchstaben finden Sie in der Typentafel der Verkäufertypen in Kapitel 2 und auch einige Seiten weiter hinten im aktuellen Kapitel erklärt):

I: *Texte ich sie gerade zu sehr zu?*
N: *Verliere ich mich in Details und damit die Kundin?*
F: *Habe ich sie gefühlsmäßig verloren?*
P: *Versuche ich gerade, sie zu sehr festzulegen?*

Mit etwas Übung kommen Sie schnell dahinter, an welchem oder welchen der vier Parameter es liegt. Die Antwort ist meist offensichtlich, weil sie sich direkt aus dem ergibt, was Sie eben gesagt haben. Michael zum Beispiel hat sich in dem konkreten Gespräch tatsächlich zu sehr in Details vertieft und die Kundin darüber hinaus extravertiert zugetextet. Problem erkannt, Problem gebannt.

Adlerauge, sei wachsam!

Wenn Sie das Beispiel eben scharf verfolgt haben, haben Sie möglicherweise eine weitere Voraussetzung für einen stabilen Rapport ausgemacht:

> ***Um Rapport zu halten, sollten Sie den Kunden im Auge behalten.***

Was sagt er? Und noch viel wichtiger: Was sagt er nicht? Das heißt: Was sagt seine Körpersprache?

> ***Die Körpersprache des Kunden sagt meist mehr über den Rapport aus als seine verbale Sprache – und sie sagt es bedeutend früher!***

Bevor ein Kunde nämlich patzig wird oder Einwände macht, können Sie das oft schon minutenlang vorher an seiner Körpersprache ablesen. Wenn Sie dann Ihre Argumentation so tunen, dass der Rapport wieder stärker wird, eliminieren Sie den Einwand, noch bevor er fällt. Auch aus diesem simplen Grund kriegen Superverkäufer so viel weniger Einwände zu hören als Mittelmaßverkäufer: Sie riechen Einwände quasi an der Körpersprache und behandeln sie, bevor sie entstehen.

Übung macht den Meister

Folgen Sie mit dem rechten Auge der Argumentation und mit dem linken dem Kunden. So einfach ist die Sache. Sie hat nur einen Haken: «Ich muss mich voll auf meine Argumentation konzentrieren, da kann ich doch nicht gleichzeitig auf den Kunden schielen!» So geht es vielen Verkäufern.

Wer sich auf den Inhalt konzentriert, verpasst die Passung.

Geht beides wirklich nicht gleichzeitig? Nein – nicht ohne Vorbereitung. Wenn Sie als – nehmen wir an – gut ausgebildeter Bauchmensch im Kundenkontakt plötzlich auf einen Kopfmenschen treffen, können Sie sich nicht von einer Sekunde auf die andere alle emotionalen Gedanken und Formulierungen abschminken. Wenn Sie als fachkompetenter Realist auf einen visionären Kunden treffen, können Sie nicht plötzlich alle Ihre schönen Details aufgeben und nur noch in groben Zusammenhängen reden. Nicht ohne das vorher geübt und vorbereitet zu haben.

Rapport ist eine Sache der Vorbereitung.

Je besser Sie sich auf Kunden vorbereiten, die einen anderen Typ haben als Sie, desto besser werden Sie bei diesen ankommen, desto stärker wird Ihr Rapport sein. Ihnen behagt der Gedanke an Vorbereitung nicht? Als was zeichnet Sie das aus? Richtig, als eher flexibel und spontan. Sie fühlen sich eher wohl, wenn Sie ab und an ein geistiges Rollenspiel spielen. Was müssen Sie beachten, wenn Sie einen Ordnungskunden vor sich haben? Was sagen Sie als Realist einem Visionär oder als Visionär einem Realisten? Wenn Sie das öfters im Geiste oder mit willigen Partnern durchspielen, wird Sie diese neu erworbene Verhaltensflexibilität auch bei Kunden nicht im Stich lassen, die Ihrem Typ fremd sind.

Bauchkunden «zicken»

Bauchkunden reagieren sehr empfindlich (aus Sicht der Kopfmenschen!). Wenn ein Verkäufer sich also darüber beschwert, dass einer seiner Kunden «mal wieder richtig zickig» ist, was bedeutet das? Sie ahnen es inzwischen: Ein Kopfverkäufer regt sich über einen Bauchkunden auf.
«Zicke» ist das Schimpfwort der Kopf- für die Bauchmenschen. Schließlich kommt der Begriff aus dem Beziehungsbereich: Wenn eher kopfgesteuerte Männer mit ihren eher bauchgesteuerten Partnerinnen, Kolleginnen, Bekannten oder Töchtern Probleme haben, dann sagen sie nicht: «Wir erreichen gerade, was unser Argumentationsverhalten anlangt, keine optimale Passung unserer unterschiedlichen Persönlichkeitsprädispositionen.» Sie sagen vielmehr: «So eine Zicke!» Bauchorientierte Menschen stellen Kopfverkäufer vor eine weitere Herausforderung, denn:

Bauchmenschen fühlen sich extrem schnell angegriffen.

«Das ist ja ein ganz schönes Datendurcheinander», sagt Elvira, IT-Beraterin, zu einem Kunden, als sie dessen Excel-Provisorium betrachtet. Wohlgemerkt: Der Kunde hat sie extra deshalb angesprochen: «Das Provisorium taugt nicht mehr.»

Doch als Elvira diese Aussage mit dem Begriff «Datendurcheinander» einfach nur veranschaulichen möchte, greift sie daneben: Der Kunde schnappt sofort ein, weil er diese Bezeichnung eines objektiven Missstandes als persönlichen Angriff und Infragestellung seiner Kompetenz auffasst. Er empört sich: «Na, Sie müssen auch nicht jeden Tag unter diesen Bedingungen arbeiten!» Elvira ist fassungslos und denkt sich: «Was habe ich denn gesagt? Er ist es doch, der mit dem Provisorium unzufrieden ist! Warum geht er mir jetzt an die Gurgel?» Weil sie es (aus seiner Sicht!) beleidigend formuliert hat. Viel besser wäre gewesen, sie hätte gesagt: «Mit diesem Provisorium erzielen Sie beacht-

liche Ergebnisse! Hut ab!» Dann hätte der Kunde gesagt: «Na ja, aber es reicht einfach nicht mehr!»

Geben Sie Bauchkunden keinen Anlass, zu zicken!

«Bauchmenschen nehmen immer alles gleich persönlich», stöhnt Elvira in einem klärenden Gespräch mit ihrem in Menschenkenntnis geschulten Verkaufsleiter. Das ist ein guter Merkspruch! Seit diesem Gespräch bewegt sich Elvira «auf Zehenspitzen wie auf einem Minenfeld durchs Kundengespräch». Ein schönes Bild. Seien Sie sehr vorsichtig mit Ihrer Wortwahl. Fragen Sie sich stets: Kann ein empfindsamer Bauchmensch da einen Vorwurf hineininterpretieren? Wenn ja, formulieren Sie vorsorglich um und beobachten Sie aufmerksam die (nonverbale) Reaktion des Kunden: Haben Sie den richtigen Ton getroffen?

Kfz-Mechaniker beispielsweise vergreifen sich relativ häufig im Ton. «Was haben Sie denn hier für eine Schrottkarre?» Diesen Spruch hat wohl jeder schon einmal gehört. Kopfkunden nicken darauf und meinen: «Jaja, fällt langsam auseinander.» Bauchmenschen sagen darauf nichts, schnappen empört nach Luft und fühlen sich persönlich angegriffen. Der kopflastige Mechaniker meint zwar das Auto, doch der Bauchkunde meint, dass der Mechaniker ihn persönlich beleidigt. Dumm gelaufen. Der Mechaniker kennt sich zwar mit Motoren, aber nicht mit Menschen aus. Das ist schlecht für seinen Umsatz und sein Gehalt: Er bedroht damit seine Jobsicherheit! Er sägt am eigenen Ast.

Bauchkunden erwarten Verständnis

«Mit diesem Provisorium erzielen Sie beachtliche Ergebnisse! Hut ab!» Wenn Elvira, die IT-Beraterin, dank ihrer schlechten Erfahrung mit diesem einen, eingeschnappten Kunden künftig allen ihren Bauchkunden mit Systemproblemen so etwas sagt, sieht sie den Gesichtern gleichsam an, wie alle Dämme brechen, sich das Gesicht aufhellt, die Augen leuchten, die Menschen aufatmen, lächeln, der Kunde aufmacht. Warum?

Wie geht Elvira denn vor, um diese erstaunliche Wirkung beim Kunden auszulösen? Es kommt gar nicht darauf an, was sie sagt. Es kommt viel stärker darauf an, was sie damit ausdrückt: Verständnis.

Bauchkunden erwarten von Ihnen ein wenig Fachkompetenz und viel, viel Verständnis!

Bauchverkäufer geben dieses Verständnis automatisch – aber trotzdem nicht ausreichend. Denn bei der modernen, relativ beziehungslosen Arbeit wird die Bauchorientierung jedes Bauchmenschen schon dann wesentlich eingeschränkt, wenn er morgens durchs Firmentor geht. Die moderne Arbeitswelt ist nun mal relativ gefühlskalt und verständnislos. Das eigene Verständnis wird dadurch noch stärker eingeschränkt, dass man als Verkäufer fachkompetent und sachlich argumentieren soll – da kommt das Verständnis für den Kunden automatisch, selbst bei Bauchmenschen zu kurz!

Wenn Sie Bauchmensch sind: Geben Sie Bauchkunden mehr Verständnis! Wenn Sie Kopfmensch sind: Geben Sie Bauchkunden sehr viel mehr Verständnis!

Dieses Verständnis sollten Sie in allen Gesprächsphasen zum Ausdruck bringen – sonst verlieren Sie den Kunden exakt in der Phase, in der Sie zu wenig Verständnis geben.

Die Kompetenz-Fehlassoziation

Wenn Verkäufer mit oder ohne Unterstützung ihres Verkaufsleiters (mit ist natürlich besser) ein Verkaufsgespräch Revue passieren lassen, können sie, je erfahrener sie sind, desto genauer sagen, wann das Gespräch schwierig wurde oder wann sie den Kunden verloren haben. Sie können das auch sagen, nicht wahr?

Wenn Sie bemerken, an welcher Stelle das Gespräch schwierig wurde, sagen Sie sich je nach Gesprächsphase:

- «Meine Bedarfsanalyse muss genauer werden!»
- «Ich brauche bessere Argumente!»
- «Ich bin nicht überzeugend genug für schnellere Abschlüsse!»
- «Meine Einwandsbehandlung muss besser werden!»

Etwas Ähnliches haben Sie sich sicher auch schon gesagt. Natürlich muss jeder von uns besser werden bei Argumentation und Einwandsbehandlung – doch je mehr Sie sich dabei anstrengen, desto weniger werden Sie möglicherweise damit erreichen. Denn in vielen Fällen liegt es eben nicht an Argumenten und Einwandsbehandlung, sondern am mangelnden Rapport. Natürlich könnten die meisten Argumente noch besser sein – doch das macht leider meist den Kohl nicht fett.

Wenn der Rapport reißt, nützen Ihnen auch die weltbesten Argumente nichts.

Viele Verkäufer schieben Schwierigkeiten im Gespräch auf ihre Sach-, Fach- oder Gesprächskompetenz – dabei ist es meist eine Frage der Rapportkompetenz.

Bevor Sie Ihren Argumenten die Schuld geben, fragen Sie sich: Hat es am Rapport gelegen?

Den Kunden vom Baum herunterholen

Egal ob Sie Kopf- oder Bauchmensch sind, zeigen Sie dem Bauchkunden Verständnis. Viel Verständnis. Vor allem bei der Bedarfsanalyse. Denn in dieser wichtigen Gesprächsphase müssen Sie zwangsläufig auch die Schwachstellen beim Kunden aufdecken. Wenn Sie ein neues IT-System verkaufen, kommen Sie eben nicht umhin, auf die Schwächen des alten einzugehen.

> ***Was Sie vielleicht für eine sachliche und nüchterne Bedarfsanalyse halten, hält der Bauchkunde für Blaming!***

Blaming bedeutet, dass man jemandem die Schuld in die Schuhe schiebt. Natürlich kann der Kunde meist nicht viel für seine Bedarfe – doch er bezieht das alles auf sich, entschuldigt sich, verteidigt sich, redet sich raus, beschönigt Bedarfe. Das alles verlängert und verkompliziert Ihre Bedarfsanalyse unnötig und bringt den Kunden gegen Sie auf (der Rapport wird schwächer). Also zeigen Sie dem Bauchkunden bei der Bedarfsanalyse für jeden aufgedeckten Bedarf prophylaktisch recht viel Verständnis:

- «Ja, das kenne ich! So geht es vielen!»
- «Da haben Sie es echt schwer!»
- «Das ist sicher recht belastend für Sie.»
- «Ich finde es toll, dass Sie sich entschlossen haben, das jetzt abzustellen!» (positive Verstärkung der Kaufabsicht)

Eine andere Gesprächsphase, in der es extrem auf Verständnis ankommt, ist – na? Wissen Sie es? Logisch, die Einwandsbehandlung. Zum einen reduzieren Sie Zahl und Intensität der Einwände umso stärker, je stärker Sie vorher im Gespräch Verständnis artikuliert haben. Zum anderen reduzieren Sie Zahl und Intensität der vorgebrachten Einwände, indem Sie vor jeder sachlichen Erwiderung dem Bauchkunden eine Menge Verständnis geben:

- «Da haben Sie natürlich Recht – diese Frage muss geklärt werden.»
- «Ich verstehe vollauf, dass Ihnen da Zweifel kommen!»
- «Aber bitte, fragen Sie doch ruhig, dafür bin ich doch hier!»

Verständnis holt jeden (Bauch-)Kunden vom Baum herunter.

Verständnis kann man nicht spielen

Es gehört zur Fachkompetenz jedes Verkäufers, Verständnis zeigen zu können.

Leider erfüllen viele Verkäufer diese simple Anforderung nicht. Im Gegenteil. Sie sind voll Unverständnis für den Kunden: «Hat er eigentlich ein Rad ab? Was stellt er sich auch so dumm an!» Unverständnis ist wohl das häufigste Talent, das wenig qualifizierte Verkäufer im Umgang mit Kunden zeigen.

Verständnis ist der Schlüssel zum Kunden.

Wenn Sie den Kunden wirklich verstehen (und nicht bloß meinen, dass Sie am besten wüssten, was gut für ihn ist), dann können Sie ihn ohne große Probleme dahin führen, wohin er und Sie letztendlich möchten: zum Abschluss.

Ein ganz wichtiger Hinweis: Heucheln Sie Verständnis nicht, indem Sie verständnisvolle Floskeln auswendig gelernt aufsagen.

Menschen haben ein feines Gespür für Floskeln. Wie schon Goethe sagte: «Man merkt die Absicht und reagiert verstimmt.» Verständnis lässt sich nicht heucheln. Das fliegt immer auf. Bemühen Sie sich vielmehr wirklich um echtes Verständnis für Ihren Kunden:

Versetzen Sie sich in die Lage und die vier Charakterneigungen des Kunden und fragen Sie sich: Warum tut/sagt er, was er tut/sagt?

Die Antwort wird Ihnen leicht fallen; so leicht, wie Ihrem Kunden darauf echtes Verständnis zu zeigen.

Der gläserne Kunde

Typisches Verhalten	Eher ...	Oder eher ...
Kontaktaufnahme	**I**ntrovertiert	**E**xtravertiert
Info-Aufnahme	**S**ensitiv: Realisten brauchen kleine, sequenzielle Häppchen.	**IN**tuitiv: Visionäre brauchen das große Bild und die Zusammenhänge.
Entscheidungsverhalten	**F**eeler: Bauchkunden entscheiden gefühlsorientiert.	**T**hinker: Kopfkunden entscheiden vernunftorientiert.
Organisationsgrad	**J**udger: Ordnungsmenschen regeln, planen, organisieren gerne.	**P**erceiver: Spontankunden bleiben gern flexibel.

Bei Kopfmenschen landen

Manchmal sagen Kunden Dinge über ihre Verkäufer wie:

- «Er ist mir einfach zu gefühlsduselig.»

- «Ständig fragt sie mich, wie ich mich dabei fühle – was spielt das denn für eine Rolle?»
- «Er ist mir zu unsachlich.»
- «Sie kann Job und Gefühle nicht voneinander trennen.»
- «Typisch Frau, nicht tough enough fürs Business.»

Das ist natürlich sehr gefährlich, wenn einem Verkäufer Unsachlichkeit oder mangelnde «Toughness» vorgeworfen wird. Denn nach so einem Urteil ist der Verkäufer erst mal unten durch und kann höchstens noch mit einem Rabatt landen, bei dem die eigene Firma bluten muss. Warum wirft der Kunde dem Verkäufer Unsachlichkeit vor? Weil der Verkäufer tatsächlich unsachlich ist? Nein, denn:

Kritik sagt mehr über den Kritisierenden als über den Kritisierten.

Wir erkennen den kritisierenden Kunden so, wie er sich dem Menschenkenntnis-geschulten Auge offenbart: als starker Kopfkunde, der einen Bauchverkäufer ohne Menschenkenntnis vor sich hat. Denn der Bauchverkäufer erkennt weder, dass er ein Bauchverkäufer ist, noch, dass der Kunde Kopfmensch ist. Der Bauchverkäufer behandelt den Kopfkunden zu gefühlig, zu verständnisvoll, zu wenig an harten ZDF (Zahlen, Daten, Fakten) orientiert.

Damit wissen Sie auch schon, wie Sie als Bauchmensch bei einem Kopfkunden Rapport halten: Steigen Sie auf seine kühl-distanzierte, sachlich-objektive Art ein. Da Sie ein waches Auge haben, werden Sie sehen, wie gut ihm das tut und um wie viel leichter er sich damit durchs Gespräch führen lässt.

Ihnen mag das vielleicht kalt und herzlos vorkommen – doch der Kopfkunde empfindet das einfach erfrischend sachlich und unbeschwert von lästigen, störenden und irritierenden Gefühlen.

Selbstverständlich sollten Sie im Sinne einer Work-Life-

Balance nach dem unterkühlten Kundengespräch für einen gefühlsmäßigen Ausgleich sorgen, um die nötige Wärme zu bekommen, die Sie vom Leben erwarten. Die Details der Argumentation gegenüber Kopfkunden betrachten wir übrigens in Kapitel 6 (auf Seite 137 «Was Kopfkunden überzeugt»).

Einsteigen heißt nicht verstellen

Auf den Kunden und seine Verhaltensmuster einzusteigen, das widerstrebt vielen Verkäufern. Warum? Weil sich keiner gerne verstellt. Dabei fühlt sich jede(r) unbehaglich. Besonders deutlich wird diese Unbehaglichkeit, wenn Kopfverkäufer auf Bauchkunden treffen. Dann sagen Erstere oft: «Ich möchte einfach nicht so sentimental daherreden wie der Kunde.» Das sollen Sie auch gar nicht.

Verstehen statt verstellen.

Verstellen ist nicht nur unnötig, sondern auch unnütz. Das erkennen wir am deutlichsten an Verkäufern, die sich tatsächlich verstellen: Das merkt jeder Kunde sofort und findet es abstoßend! Verstellen Sie sich also nicht. Verstehen Sie den Kunden in seinem Verhaltensmuster und gehen Sie ihm einfach auf halbem Weg entgegen. Einige Verkäufer wenden ein: «Schon allein dieses Entgegenkommen auf halbem Weg empfinde ich als Verstellung.» Tja, wer als Verkäufer so wenig Entgegenkommen praktizieren kann, der wird derzeit hart vom Markt abgestraft. Denn die Kunden erwarten das einfach. Es gehört heutzutage zu einer professionellen Einstellung, Kunden entgegenkommen zu können.

Je stärker Sie dem Kunden menschlich entgegenkommen, desto weniger müssen Sie ihm preislich entgegenkommen.

Bei gut organisierten Kunden landen

Kunden beklagen relativ häufig, dass ihnen Verkäufer nicht zuverlässig, nicht glaubwürdig, nicht professionell genug erscheinen:

- «Er hält nicht besonders viel auf Pünktlichkeit.»
- «Sie hat noch nicht mal bei jedem Gespräch alle Unterlagen dabei.»
- «Er hält sich nicht an getroffene Vereinbarungen.»

Was halten Sie von solchen Klagen? Viele Verkäufer sind empört: «Solche Kunden sind Haarspalter, Pedanten, Perfektionisten, denen man es nicht recht machen kann.» Das haben Sie auch schon gedacht? Was denken Sie heute, vor dem Hintergrund Ihrer neu erworbenen Menschenkenntnis? Dass sich hier schlicht gut organisierte Kunden über stark flexible Verkäufer äußern. Beide unterscheiden sich deutlich im Organisationsgrad. Die oben zitierten Kunden sind allesamt Ordnungsmenschen, ihre kritisierten Verkäufer sind Spontanverkäufer.

Es gibt recht viele Spontanverkäufer im Kundenkontakt und jede Menge Ordnungskunden. Deshalb ist die mangelnde Passung zwischen beiden Charakteren ein gravierendes Rapportproblem. Leider wird es von Seiten der Verkäufer oft unterschätzt: «Der Kunde soll sich nicht so anstellen! Ob wir jetzt einmal 200 Verpackungseinheiten oder viermal 50 versenden – kommt doch auf dasselbe raus!» Für einen Flexiblen ja, für den Organisierer nein – denn es war anders abgesprochen! Und für den Organisierer gilt: Was vereinbart ist, daran muss man sich halten!

Also hören Sie auf, sich über «Pedanten» aufzuregen – stellen Sie sich lieber auf Sie ein!

Pünktlich zum Rapport

Wenn Sie es als flexibler und spontaner Verkäufer mit einem eher durchorganisierten Kunden zu tun haben, machen Sie sich innerlich nicht lustig darüber, dass er bedeutungsvoll auf die Uhr schaut, wenn Sie auch nur eine Minute zu spät eintreffen. Der Kunde merkt das und reagiert verstimmt: Rapportschaden! Und ein gestörter Rapport ist das Letzte, was Sie im Verkauf brauchen.

Planen Sie vor jedem vereinbarten Termin eine Pufferzeit ein. Lisa, eine sehr spontane Verkäuferin im Außendienst, verrät ihr Rezept: «Wenn ich um 15 Uhr einen Termin bei einem Organisierer habe, sitze ich schon eine Viertelstunde früher in seinem Vorzimmer – das heißt, ich nehme mir das regelmäßig vor. Aber weil mir eben ständig etwas dazwischenkommt, schaffe ich es meist doch erst, schlag drei Uhr auf der Matte zu stehen.» Damit verhindert sie dennoch, dass der Organisierer die Nase über sie rümpft. Wer sich bewusst macht, dass er ein Spontaner ist, kann sich gut darauf einstellen. Nosce te ipsum – erkenne dich selbst.

Lisa erzählt Folgendes: «Manchmal, wenn ich um neun einen Termin hatte und zwanzig nach neun noch im Stau steckte, habe ich den Kunden kurz angerufen und informiert, dass es später wird. Das gehört sich einfach.»

Was halten Sie von dieser Anekdote? Wenn Sie Lisa für unverschämt halten, zu welchem Organisationsgrad neigen dann Sie? Gut und gern organisierte Menschen regen sich über dieses häufige Verhalten von Spontanverkäufern maßlos auf: «Wenn einer den vereinbarten Termin nicht halten kann, dann erwarte ich, dass er spätestens fünf Minuten vorher und nicht zwanzig Minuten nachher anruft – denn dass der Termin geplatzt ist, habe ich dann schon vor zwanzig Minuten gemerkt!» Es ist gut zu wissen, was Organisierer denken und erwarten – denn dann können Sie sich darauf einstellen.

Noch ein Tipp: Wenn Sie Organisierer besuchen, halten Sie Ihre Verkaufsunterlagen komplett und in Ordnung.

Organisierer sind schnell mit dem Etikett «schlampig = unzuverlässig» zur Hand, wenn die Verkaufsunterlagen nicht akkurat geordnet auf dem Tisch liegen. Das mag Ihnen kleinkariert erscheinen – für den Organisierer ist es dagegen Ausdruck eines ordentlichen, gut organisierten Menschen. Er hasst Chaos.

Was fällt Ihnen dazu ein?

Cornelia, eine 26-jährige Kundenberaterin einer Volksbank, präsentiert einem Kunden einen Fonds, für den sie ihn gewinnen möchte. Sie legt ihm den zweiseitigen Verkaufsprospekt vor und sagt: «Dieser Fonds hat im Prinzip die besten Erfolgsaussichten in der derzeitigen Börsenlage.»

Der Kunde sagt: «Niemand kann in die Zukunft schauen. Entscheidend ist doch allein, was er bisher gebracht hat», und studiert aufmerksam das Schaubild mit den Erträgen des Fonds in den letzten zehn Jahren im Vergleich zum Aktienindex. Er fragt: «Diese Grafik stammt vom BVI – wer ist der BVI?» Cornelia lächelt verlegen und sagt: «Das hat mich bisher noch kein Kunde gefragt. Es wird irgendein Verband sein!»

Sie haben auf den zurückliegenden Seiten Ihre Menschenkenntnis bereits beträchtlich vertieft. Wenden Sie sie nun an. Sie dürfen dazu ruhig zurückblättern, wenn Sie die folgenden Fragen beantworten:

Wie beurteilen Sie Cornelias Gesprächsverhalten in Bezug auf den Rapport?

Welche der vier typischen Verhaltensmuster erkennen Sie beim Kunden, welche bei Cornelia?

Wie hätte Cornelia rapportfreundlich reagieren können?

Die Auflösung zu diesen Fragen finden Sie im Anhang auf Seite 163.

Sind Kunden bescheuert?

Etliche Verkäufer fragen nach dieser kleinen Übung verwundert: «Der Kunde verzichtet auf die Geldanlage in einem Spitzenfonds, der echtes Geld bringt, bloß weil die Beraterin ihm nicht erklären kann, was BVI ist? Ist das nicht ziemlich bescheuert?» Das kommt darauf an. Mittelmäßige Verkäufer halten das tatsächlich für bescheuert – wie übrigens jeder interessierte Laie auch. Das ist doch gerade das Fatale! Was Menschenkenntnis anlangt, unterscheidet sich der Mittelmaßverkäufer nicht wesentlich vom interessierten Laien, der ebenfalls kaum Ahnung von Menschenkenntnis hat. Und das ist gefährlich: Laien im Verkauf verkaufen nicht besonders gut.

Professionell denkende Verkäufer antworten ganz anders: «Ich finde das auch nicht besonders klug von dem Kunden – aber ich bin nicht der Kunde! Wenn der Kunde so denkt, dann muss ich darauf eingehen. Es nützt mir ja nichts, wenn ich darüber hinweggehe, wie die Bankberaterin das demonstriert hat!» Denn wer darüber hinweggeht, zerstört den Rapport, und das wiederum zerstört den Abschluss, wie das Beispiel eben gezeigt hat. Der Fonds kann noch so gut sein – er ist es übrigens tatsächlich. Doch das glaubt der Kunde nicht mehr, nachdem der Rapport in die Brüche ging.

Organisierer brauchen Orientierung

Das Heimtückische an mangelnder Menschenkenntnis ist, dass Sie nie erfahren, warum der Kunde bockt, zickt oder ohne Abschluss rausgeht. Cornelia hätte nie erfahren, warum der Kunde den Fonds nicht genommen hat, wenn wir ihn nicht gefragt hätten. In Verkaufsgesprächen sagt der Kunde ganz selten, was er gerade denkt und was ihm fehlt. Im Seminar ist das anders: Da sagen Menschen, was ihnen fehlt.

Was fehlt Organisierern wohl am häufigsten? Wenn Sie auf Orientierung und Ordnung tippen, liegen Sie richtig. In Seminaren melden sich gut Organisierte öfters mit:

- «Ich habe die Orientierung verloren. Bei welchem Punkt der Tagesordnung sind wir gerade?»
- «Wozu gehört das denn jetzt? Ist das schon was Neues?»
- «Wir wollten doch um elf Uhr schon viel weiter sein!»
- «Das geht mir jetzt aber etwas zu sehr durcheinander!»
- «Ich habe den Faden verloren. Worüber reden wir gerade?»

Verkäufer mit mangelnder Menschenkenntnis ignorieren dieses Orientierungsbedürfnis von Kunden meist: Sie machen einfach ihre Bedarfsanalyse, ihre Präsentation, ihre Argumentation und ihre Einwandsbehandlung; ja sollten sie das denn nicht? Aber sicher doch! Sie sollten lediglich beachten:

Wenn Sie einen Ordnungskunden beraten, dann erwartet dieser, dass Sie ihm Ihre Ordnung transparent machen und laufend kommentieren.

Was heißt das? Betrachten wir ein Beispiel:

Leni ist Verkaufsingenieurin für Lagertransportsysteme. Sie berät gerade einen Lagerleiter mit einer starken Organisationsneigung – was die optimale Passung für seinen Beruf ist! Außerdem ist er ein Detailmensch, was noch besser für seinen Berufserfolg ist. Sein Chef sagt über ihn: «Der Karl weiß den Lagerplatz jeder Unterlagscheibe auswendig!» Also sagt Leni beim Erstgespräch nach der typspezifischen, etwas längeren Anwärmphase (der Kunde ist ein Bauchmensch): «Ich möchte Ihnen vorschlagen, dass wir folgendermaßen vorgehen: Wir kümmern uns erstens um die Schwächen des aktuellen Systems. Danach betrachten wir zweitens unsere Verbesserungsmöglichkeiten. Drittens suchen wir uns daraus die beste Lösung aus, und viertens klären wir dann alle Fragen, die noch offen sind. Einverstanden?» Bei der anschließenden Befragung sagt der Kunde: «Wir werden uns für dieses Angebot entscheiden.»

Warum? «Weil es das beste ist.» Nein, das ist es sachlich und objektiv betrachtet nicht. Doch der Kunde ist nicht mehr objektiv. Er ist total begeistert von Leni, die ihre Präsentation exakt so strukturiert hat, so wie der struktur- und ordnungsverliebte Kunde es selbst gemacht hätte.

Präsentieren Sie nicht so, wie Sie präsentieren, sondern so, wie der Kunde präsentieren würde!

Spontankunden sind anstrengend

Rosie, eine Kollegin von Cornelia, der Bankberaterin, erzählt empört: «Grade lässt mich der Herr ... schon wieder hängen! Das ist der siebte Termin, den er kurzfristig platzen lässt! Ich habe mich siebenmal eine halbe Stunde umsonst auf das Gespräch vorbereitet! Der Mann hat 120 000 Euro auf dem Girokonto! Will er das Geld denn nicht endlich sinnvoll anlegen? Er verliert doch täglich Zinsen! Will der mich auf den Arm nehmen? Hat er was gegen mich? Passt ihm meine Beratung nicht? Will er vielleicht sogar die Bank wechseln, weil ich ihn schlecht berate?»

Ein guter Verkäufer stellt sich solche Fragen schon mal. Inzwischen kennen Sie die Antwort darauf: Rosie ist gut organisiert, ihr Kunde extrem spontan – die Passung stimmt noch nicht.

Rosie hat ihm telefonisch schon manche Standpauke gehalten: «Sie müssen endlich Ihr Geld anlegen! Das Girokonto ist doch kein Anlagekonto! Nehmen Sie sich halt endlich mal Zeit für mich!» Nützt das was? Nein. Im Gegenteil. Rosie verursacht mit ihrer Standpauke jedesmal einen Rapportbruch. Denn beim Kunden kommen ihre Argumente an als: «Du machst etwas falsch. Wie du dich verhältst und wie du als Spontanmensch bist, ist nicht richtig. Ich bin gut und du schlecht.» Und das lässt sich kein Mensch sagen.

Wer sich wünscht, dass der Kunde doch ein bisschen ... (ordentlicher, flexibler, freundlicher ...) wäre, dem mangelt es an Menschenkenntnis.

Wünschen Sie sich nicht, dass der Kunde anders ist, als er ist. Versuchen Sie lieber zu verstehen, wie er überhaupt ist. Wünsche helfen wenig. Verständnis hilft immer.

Seit sich Rosie etwas Menschenkenntnis angelesen hat und dieses Verständnis aufbringt, hat sie sich flexiblere Taktiken zugelegt:

- Sie lädt den Kunden weiter zu festen Terminen, aber auch zu Terminfenstern ein: «Wenn Sie am Freitag in der Stadt sind – ich bin den ganzen Tag terminfrei. Schauen Sie einfach mal vorbei, wenn es Ihnen passt.» Das kommt Spontanmenschen eher entgegen als ein fester Termin.
- Sie bereitet sich nur noch fünf Minuten pro Termin vor, denn sie weiß: Spontankunden legen keinen gesteigerten Wert auf besondere Vorbereitung. Die finden es ganz natürlich, dass man mitten im Beratungsgespräch auch mal spontan einige Unterlagen zusammenkramt.

- Sie nimmt sich vor, auf einen Überraschungsbesuch beim Kunden vorbeizuschauen. So spontan wie er ist, schiebt er sie womöglich zwischenrein.

Privater Nutzen

Menschenkenntnis ist nicht nur beruflich nützlich. Viele Verkäufer berichten uns nach Training oder Coaching: «Seit ich besser Rapport halten kann, sind meine privaten Beziehungen auch viel besser.»

> ***In privaten und gesellschaftlichen Beziehungen kommt es noch sehr viel extremer auf den Rapport (und nicht die Sache!) an als im Beruf.***

Stellen Sie doch mal ein Profil Ihres Beziehungspartners, Ihrer Kinder, Eltern, Verwandten oder Bekannten auf. Wie das geht, betrachten wir im folgenden Kapitel.

5. Kunden wie ein offenes Buch lesen

«Jedes Gespräch ist
ein Fenster in die
Seele des anderen.»
HERBERT MADINGER

Wer Kunden durchschauen will, braucht eine gute Brille

Erinnern Sie sich an Peter, den Mountainbike-Verkäufer? Warum ließ er sich einen Abschluss über 10 000 Euro durch die Lappen gehen, während seine Kollegin Birgit den Auftrag mühelos an Land zog? Weil Peter den Kunden nicht durchschaute. Birgit sehr wohl, sie erkannte die Persönlichkeit des Kunden und seinen «schwachen» Punkt auf Anhieb: Prestige.

Wie erkannte Birgit das? Hat sie etwa eine Röntgenbrille, mit der sie Kunden durchschauen kann? Ja, die hat sie. In diesem Kapitel statten wir auch Sie mit dieser Röntgenbrille aus. Mit dieser Brille ist jeder Kunde ein gläserner Kunde. Übrigens: Noch kein Kunde hat sich deshalb beschwert. Im Gegenteil. Kunden mögen es, wenn sie verstanden werden.

Keine Schüsse aus der Hüfte!

Warum beklagen sich Kunden seit Jahren in Kundenbefragungen darüber, dass sie von ihren Verkäufern nicht verstanden werden, ja dass es ihren Verkäufern scheinbar egal ist, was der Kunde denkt? Wissen Verkäufer nicht, wie wichtig Menschenkenntnis für Erfolg und Kundenzufriedenheit ist? Im Gegenteil: Sie wissen es recht gut. Deshalb halten sich die meisten Verkäufer auch für die geborenen Menschenkenner – was sie den erstaunten Kunden Tag für Tag demonstrieren; ohne Rücksicht auf Verluste. Betrachten wir zwei schlagende Beispiele:

In ein Architekturbüro schlurft eines Tages ein bärtiger Kerl in Jesus-Sandalen und murmelt etwas davon, ein kleines Gartenhäuschen renovieren zu wollen. Der Senior-Partner, dem der Sandalenträger über den Weg läuft, verlässt sich ganz auf seine Menschenkenntnis und schickt den Sandalenträger zum jüngsten Architekten. Er schätzt den Kunden mit einem Blick ein: Jesuslatschen? Keine Knete! Der junge Architekt versemmelt das Erstgespräch mangels Erfahrung (und Menschenkenntnis) prompt und verärgert den Sandalenträger so, dass dieser mit hochrotem Kopf zur Tür raus und über die Straße stürmt, wo er den Auftrag zur Konkurrenz trägt.

Dort glaubt man nicht nur, Menschenkenntnis zu haben, man hat sie tatsächlich, wie der Inhaber bestätigt: «Wer sich nicht nur mit Bauplänen, sondern auch mit Menschen auskennt, fällt auf so etwas Offensichtliches wie Strandlatschen nicht mehr herein. Der junge Mann hatte geerbt und ließ für eine Viertel Million aus dem Gartenhäuschen seiner Erbtante einen stattlichen Freisitz mit 50 Quadratmeter Wintergarten bauen.» Der Chef beriet ihn persönlich, weil er gelernt hat, Menschen nicht nach deren Äußerlichkeiten zu beurteilen.

Menschen auf Grund von Äußerlichkeiten oder auffälligen Verhaltensweisen in eine Schublade zu stecken ist das Gegenteil von Menschenkenntnis – und echte Umsatzvernichtung.

Ein besonders krasses Beispiel für Schubladendenken stammt aus der Tourismus-Branche:

Als ein etwas ungepflegter älterer Herr zur Reisebürotür hereinkommt und sich nach einer Thailand-Reise erkundigt, typologisiert die Expedientin (so heißen Verkäufer im Reisebüro) sofort: Pfui, Kinderschänder! und berät den vermeintlichen Sextouristen mit der Beißzange. Prompt bucht er auch nicht, sondern geht mit einigen Prospekten von dannen.

Die Expedientin trifft der Schlag, als ein Kollege ihr daraufhin sagt: «Wie ich sehe, war gerade Professor Beier bei dir. Seit seiner Pensionierung bereist der alte Historiker jedes Jahr die großen historischen Stätten. Für wieviel hat er diesmal gebucht? Dreitausend, fünftausend?» Die Expedientin hatte sich mit ihrer handgestrickten Kundeneinschätzung selbst um eine fette Provision und ihren Chef um einen Stammkunden gebracht.

«Wer solche Expedienten hat», klagte der Reisebüroleiter, «der braucht keine Konkurrenz. Mensch, wir ruinieren uns ja selber!»

Das mag sein. Aber was hat dieser Vorgesetzte für die Menschenkenntnis dieser Expedientin getan?

Menschenkenntnis kann man von Verkäufern nicht erwarten – genauso wenig wie Lateinkenntnisse.

Ein Chef sollte nicht hoffen, dass seine Verkäufer Kunden korrekt einschätzen können. Er sollte es tunlichst mit ihnen trainieren oder trainieren lassen. Von nichts kommt nichts.

Hören Sie mit dem Schubladeln auf!

Menschen können nicht anders. Sie sehen einen Brillenträger und denken automatisch: «Intelligenter Mensch!» Sie sehen Jesuslatschen und assoziieren: «Kein Geld!» Sie sehen eine dralle Blondine und denken unbewusst: «Hübsch und ein bisschen naiv.» Wenn Menschen das machen, ist das menschlich und normal.

Wenn Verkäufer das tun, ist das unprofessionell und schädlich: Es ist Selbstsabotage und Umsatzvernichtung. Wer seine Kunden voreilig in Schubladen steckt, bringt keine Spitzenumsätze. So gesehen, ist der Verkauf ein sehr gerechter Beruf. Wer seine Kunden voreilig einschätzt, schadet sich selbst am meisten.

Schießen Sie bei der Typologisierung nicht aus der Hüfte. Verwenden Sie eine zuverlässige Typologie.

Um es noch deutlicher zu sagen:

Wenn Sie professionell verkaufen möchten, brauchen Sie auch eine professionelle Typologie.

Den Kunden kennen, noch bevor Sie ihn kennen lernen

Wie durchschauen Sie Kunden? Ein alter Verkaufshase sagte einmal: «Wie er ist, werd' ich schon merken, wenn ich ihm gegenüber sitze.» Welcher Verkäufer redet so? Richtig, der P-Verkäufer, der Superspontane, der nicht viel von Vorbereitung auf Kundengespräche hält. Er würde sich davon eingeengt fühlen.

Das mag sein, doch was nützt ihm (als P) das, wenn er nach den ersten fünf Gesprächsminuten bemerkt, wie der Kunde tickt – und gleichzeitig bemerkt, dass er in diesen ersten fünf Minuten achtmal in ein typspezifisches Fettnäpfchen getreten ist?

Je eher Sie den Kunden durchschauen, desto eher vermeiden Sie Rapportsünden.

Versuchen Sie deshalb schon vor einem Erstkontakt, möglichst viel über einen Kunden herauszufinden. Nein, Sie müssen jetzt nicht erschrecken, denn das kostet nur wenige Minuten Zeit. So wahnsinnig viel ist normalerweise nicht über einen Kunden, den Sie noch nie sahen, bekannt. Doch dieses Wenige kann den Unterschied zwischen Erfolg und Misserfolg ausmachen. Betreiben Sie Frühaufklärung.

Checkliste: Kundenfrühaufklärung

- ❑ Wer von den Mitarbeitern in der Firma hatte schon Kontakt zum Interessenten oder Kunden? Was weiß der Kollege über dessen typische Marotten und Charakterzüge?
- ❑ Was weiß der Innendienstmitarbeiter oder die Sekretärin über den Kunden, der/die den Termin vereinbart hat?
- ❑ Hat der Kunde schon etwas publiziert, oder wurde über ihn geschrieben?
- ❑ Für welche Firmenkultur ist die Firma des Kunden bekannt? Auch Firmen haben quasi eine Persönlichkeit, ihre spezifische Kultur. Ist sie eher I oder E, eher S oder N, eher F oder T, eher J oder P? Je stärker diese Kulturmerkmale ausgeprägt sind, desto stärker dürfte auch Ihr Ansprechpartner davon geprägt sein.
- ❑ Was sagt seine Sekretärin über ihn? Diese Quelle ist eine echte Goldgrube. Sekretärinnen haben oft messerscharfe Menschenkenntnis und geben diese Kenntnis einem charmanten Anrufer gerne weiter. Eine gute, öffnende Frage ist zum Beispiel: «Ich werde Herrn Meier am … präsentieren. Worauf legt er bei Präsentationen besonders wert?»
- ❑ Rapport-Profis setzen manchmal den Kunden selbst zur Frühaufklärung ein, indem sie ihn fragen: «Wenn ich Ihnen an unserem Termin mein Angebot vorstelle, wie hätten Sie es denn gerne?» Die einzelnen Typen geben meist sehr genaue Hinweise auf ihre typspezifischen Erwartungen, zum Beispiel «kurz und hart an der Praxis» (sagt der S) oder «bitte nur die blanken Fakten» (sagt der T).

Sie haben die Bedeutung der Kennbuchstaben nicht mehr parat? Dann schlagen Sie einfach die Typentafel der Verkäufertypen am Ende von Kapitel 2 (Seite 39) nach.

Sind Sie ein guter Frühaufklärer?

Ordnen Sie die folgenden Typenhinweise den entsprechenden Typen zu. Wenn Sie das noch nicht «im Kopf» packen, dann nehmen Sie ruhig die Typentafel auf Seite 86 zur Hilfe:

1. Ein Kollege warnt Sie: «Pass bloß auf bei diesem Korinthenkacker. Der will jedes kleinste Detail wissen!»
2. Bei der Terminvereinbarung sagt der Kunde: «Ich bin gespannt, welche neuen Ideen Sie mir präsentieren!»
3. Sie kriegen den Kunden wochenlang nicht mal für eine Terminvereinbarung ans Telefon, weil er ständig unterwegs ist.
4. Der Kunde ist am Telefon so schweigsam, dass Sie schon vermuten, er hat was gegen Sie.
5. Seine Sekretärin sagt: «Rufen Sie lieber morgen wieder an. Heute hat er so schlechte Laune!»
6. Ihr Neukunde ist in der Branche für Aussprüche bekannt wie: «Entweder wir machen das ordentlich oder gar nicht!»
7. Auf Ihre Frage, wie die Stimmung in der Branche sei, sagt der Kunde: «Ach was Stimmung. Die wechselt doch mit jeder Wetterlage!»
8. Der Kunde verschiebt Ihren Termin mehrmals.

Die Auflösung zu diesen Fragen finden Sie im Anhang auf Seite 164.

Legen Sie keinen Menschen wegen nur eines einzigen Hinweises gleich auf einen Typus fest. Sammeln Sie vielmehr die Hinweise. Drei bis vier ergeben meist ein schlüssiges Bild.

Differenzieren Sie immer auch situationsbezogen: Manchmal ist ein Kunde sehr penibel, was Pünktlichkeit anlangt (typisch J), aber durchaus flexibel, was die Liefermodalitäten betrifft. Dann notieren Sie sich:

- J, wenn es um Pünktlichkeit und Termine geht;
- P, wenn es um Modalitäten geht.

Das Scheuklappen-Problem

Wenn wir Verkäufer trainieren oder coachen, sind wir immer wieder überrascht, wie viel diese über Kunden wissen und wie wenig sie damit anfangen.

Die Warnung vor dem peniblen S-Kunden (s. Fall 1, Seite 102) erzählte uns eine Verkäuferin zum Beispiel als Hinweis darauf, wie gut ihr Team zusammenarbeitet: «Wir warnen uns gegenseitig vor schwierigen Kunden.» Was diese Warnung ihr über den Charakter des Kunden sagt, hatte die Verkäuferin mit keinem Gedanken bedacht.

Sie wissen mehr über Ihre Interessenten und Kunden, als Sie ahnen: Dieses Wissen ist nutzlos, wenn Sie es nicht zur Typisierung benutzen!

Oft wird dieses Wissen nicht nur nicht genutzt – man macht sich sogar lustig darüber: «Der Kunde hat doch ein Rad ab! So ein Haarspalter!» Mag ja sein – aber was heißt «Haarspalter»? Dass es sich hier um einen Kunden mit starken S-Anteilen handelt! Das führt uns zu einem interessanten Phänomen.

Was Sie am meisten am Kunden ärgert, verrät ihn am schnellsten!

«Haarspalter!», «Chaot!», «Umfaller!», «Quasselstrippe!»

Was sagen uns diese Beschimpfungen? Dass sich hier Verkäufer mächtig über gewisse Kunden ärgern und sich gegenüber Kollegen schimpfenderweise Luft verschaffen. Was sagen sie uns noch? S, P, P und E. Diese Charakterzüge der Kunden lösen nämlich die obigen Beschimpfungen aus.

Was Sie an einem Kunden aufregt, liefert einen deutlichen Hinweis auf dessen Charakterzüge (und Ihre eigenen, gegensätzlichen!).

Das funktioniert auch umgekehrt: Was Sie an einem Kunden sympathisch finden, sagt viel über seinen Charakter – und Ihre eigenen, kundenkompatiblen Charakterzüge.

Wichtiger sind die ärgerlichen Charakterzüge, weil sie gefährlicher sind: Wenn Sie dem Kunden in diesen Ärgerpunkten unbewusst Kontra geben oder auch nur ungenügend darauf eingehen (weil Sie sich so ärgern), kommt es zu schweren Rapportschäden. Ein «Haarspalter» reagiert sehr gereizt, wenn Sie auf seine Haarspalterei nicht eingehen, sie abtun oder gar unabsichtlich lächerlich machen mit typischen Verkäufersprüchen wie: «Nun nehmen Sie das mal nicht so genau. Das haut schon hin. Alle unsere Kunden sind damit sehr zufrieden!» Das Ignorieren seiner Charaktereigenschaft bringt jeden Menschen auf 180.

Das Goethe-Prinzip

Womit beginnt ein (Erst-)Gespräch mit einem Kunden? Mit der Bedarfsklärung: Was braucht der Kunde wofür und warum? Zumindest sollte es damit beginnen – es gibt nämlich eine Menge Verkäufer, die das noch nicht mitbekommen haben und nach Begrüßung und Smalltalk sofort mit der Angebotspräsentation loslegen.

Aber nehmen wir mal an, dass Sie «up to date» sind und mit U – wie Untersuchung des Bedarfs – beginnen. Was machen Sie dabei? Sie notieren den Bedarf des Kunden natürlich, weil man sich so etwas Wichtiges und oft Komplexes nicht im Kopf merken kann. Wie schon Goethe sagte: Was man schwarz auf weiß besitzt, kann man getrost nach Hause tragen. Und genau so machen Sie es auch mit der Typologisierung: Sie notieren die Hinweise auf die vier Charakterzüge des Kunden kurz mit. Das erleichtert Ihnen die Einordnung. Nach ungefähr einem halben Dutzend Versuchen werden Sie die Typologisierung immer besser im Kopf machen und sich merken können. Als hilfreich hat sich dabei folgendes Formular erwiesen:

Das Röntgenblatt

Hinweise auf	Hinweise auf
I:	E:
S:	N:
F:	T:
J:	P:

- Notieren Sie nach dem Gespräch den Namen des Kunden (damit Sie nachher noch wissen, welches Persönlichkeitsprofil zu welchem Kunden gehört).
- Nehmen Sie die Formblatt-Vorlage auf Seite 118 und vergrößern Sie sie auf A4, damit Sie mehr Platz für Notizen haben.

Der Kunde verrät sich selbst

Wie finden Sie im Kundengespräch den Typ des Kunden heraus? Natürlich wäre es schön, wenn der Kunde einfach einen Persönlichkeitstest ausfüllen würde, wie Sie ihn in Kapitel 2 (ab Seite 29) gemacht haben. Dass das nicht geht, ist aber kein Schaden. Denn die Alternative ist fast noch besser:

Wirklich alles, was ein Kunde sagt und tut, lässt Rückschlüsse auf seinen Charakter zu.

Der Kunde verrät Ihnen, wer er ist und wie Sie ihn behandeln müssen, damit er schnellstmöglich abschließt. Ist das nicht sehr zuvorkommend?

Hören Sie mit beiden Ohren zu

Alles, was ein Mensch von sich gibt, ist autobiografisch. Was ein Kunde sagt, verrät seinen Charakter – vorausgesetzt, Sie hören zu. Hören Sie bei der Bedarfsanalyse nicht nur den Bedarf des Kunden, sondern hören Sie auch seinen Typ heraus. Der Kunde sagt zum Beispiel: «Wir müssen jede Veränderung in unser Gesamtkonzept integrieren.» Damit verrät er Ihnen zweierlei:

- auf der Sachebene: Sie müssen dieses Gesamtkonzept kennen, wenn Sie abschließen wollen.
- auf der Typebene: Hier spricht ein N-Kunde! Denn für Visionäre sind Strategien und Konzepte ganz wichtig.

Egal, was der Kunde sagt oder tut, fragen Sie sich stets dabei: Auf welchen Typ weist das hin?

Das erfordert nur am Beginn gesteigerte Konzentration. Schon nach wenigen Versuchen machen Sie das so automatisch wie Kuppeln beim Autofahren. Daran müssen Sie dann auch nicht mehr bewusst denken.

Sie werden nicht aus allem, was der Kunde sagt, auf Anhieb ein Typenindiz herauslesen können. Das macht nichts. Die Indizien, die Sie zuordnen können, reichen für eine Einschätzung.

Sag mir was, und ich sage dir, wer du bist

Da Sie Menschenkenntnis nur dadurch erwerben, indem Sie Menschen erkennen, spielen wir einige Kundenaussagen durch, die Rückschlüsse auf den Kundentyp zulassen:

1. «Och, zum Bedarf können wir noch später kommen. Stellen Sie doch erst mal Ihr Produkt vor.»
2. «Das kann ich jetzt noch nicht sagen. Das müssen wir erst sehen.»
3. «Wir müssen dabei aufpassen, dass wir der Qualitätssicherung nicht auf die Füße treten.»
4. «Warum sind auf Ihrem Prospekt die Prozessschritte angegeben, aber nicht in Ihrem Angebot?»
5. «Aber wo stehen wir damit in fünf Jahren?»
6. «Haben Sie Referenzinstallationen?»
7. «Wenn ich Ihrem Mitbewerber zehn Minuten zuhöre, kann ich Ihnen nicht fünfzehn Minuten geben!»
8. «Nun machen Sie mal langsam und lassen Sie mich erst mal etwas über uns und unsere Firma sagen.»

Ist das nicht himmlisch? Der Kunde verrät Ihnen mit seinen Äußerungen selbst, wie er tickt!

Und hier die Lösungen:

1. Ein Introvertierter möchte zuerst mal zuhören und warm werden, bevor er selbst etwas von sich preisgibt.
2. «Schau'mer mal» – das ist die typische Selbstoffenbarung der Spontanen (P); auch Kaiser Franz gehört zu diesem Typ.
3. Ein Bauchmensch, der gerne Rücksicht nimmt.
4. So kann nur ein Organisierer fragen, der die ihm genehme einheitliche Ordnung vermisst.
5. So fragt ein Visionär.
6. Typische S-Frage.
7. Ein Kopfmensch legt viel Wert auf Fairness.
8. Der Extravertierte möchte erst einmal reden, bevor er zuhört.

Noch eine Fehlattribution

Viele Verkäufer beschweren sich darüber, dass sie bei Kundengesprächen ständig von Anrufen, laut bimmelnden E-Mails und Besuchern im Büro des Kunden gestört werden: «Ich finde das unverschämt. Damit zeigt er mir doch, dass mein Besuch überhaupt nicht wichtig ist für ihn!»

Falsch. Damit zeigt er Ihnen, dass er ein extravertierter Mensch ist. Extravertierte tanzen gerne auf fünf Hochzeiten gleichzeitig. Das ist kein Zeichen von Unhöflichkeit – sie brauchen das, um sich wohl zu fühlen!

Gerd ist Pharmareferent. Er lädt einen neu niedergelassenen Jungarzt zum «Arbeitsessen» ins teuerste Separee des feinsten Restaurants am Platz ein. Jedesmal, wenn der Maître de Service die Separeetür aufmacht und hereinrauscht, dringt vom großen Gastraum geselliger Lärm herein. Draußen ist offenbar viel los. Gerd findet das störend. Der Arzt jedoch schaut jedesmal mit sehnsüchtigem Blick zur Tür hinaus. Gerd gibt das Separee sofort auf und lässt einen Tisch mitten in den Gastraum stellen.

Der extravertierte Arzt ist fühlt sich sehr wohl, schaut und hört an allen Tischen mit, hält kaum Blickkontakt zu Gerd, doch Gerd bearbeitet ihn weiter ungerührt, denn er weiß: «Extravertierte können nicht nur drei Gespräche gleichzeitig mithören, die brauchen das förmlich. Gut, dass ich noch rechtzeitig bemerkt habe, dass er privat viel extravertierter ist als in seiner Praxis.»

Sehen Sie mit beiden Augen

Nicht nur seine Worte, sondern das gesamte Verhalten verrät etwas über einen Menschen.

Alles, was ein Mensch sagt oder nicht sagt, tut oder nicht tut, ist Selbstoffenbarung – für das geübte Auge oder Ohr.

Hinweise auf introvertierte Menschen sind zum Beispiel: Ihre Bürotür ist meist geschlossen, sie halten kaum Blickkontakt, der Händedruck ist eher zögerlich und schwach (wenn überhaupt), sie empfangen Sie hinter dem Schreibtisch verbarrikadiert und nicht in der Sitzecke, sie haben eine geschlossene Körperhaltung (verschränkte Arme, gerunzelte Stirn ...), die sich erst mit der Zeit öffnet, sie werden nonverbal immer irritierter, je mehr Sie reden, sie halten eine etwas größere Distanz beim Sitzen und Stehen.

Introvertierte vermitteln oft nonverbal den Eindruck, dass sie sich nicht freuen, Sie zu sehen. Verkäufer ohne Menschenkenntnis nehmen das unbewusst wahr, reagieren spontan sauer darauf, was seinerseits der Kunde unbewusst registriert und ihn noch stärker zumachen lässt – so sabotiert der menschenunkundige Verkäufer sein eigenes Kundengespräch! Dabei ärgert sich der Kunde nicht, Sie zu sehen, er ist bloß introvertiert und möchte langsam angewärmt werden.

Zeig mir dein Büro, und ich sage dir, wer du bist

Ein Büro (oder jeder andere Arbeitsplatz) sagt viel über einen Menschen aus. Achten Sie auf die Wände. Eine Explosionszeichnung von seiner letzten Entwicklung hängt sich ein Visionär sicher nicht an die Wand (zu viele Details), seine Kunst ist abstrakter: fliehende Pferde, fliegende Adler, nichtgegenständliche Abbildungen. Hängt ein großer, bildloser Kalender an der Wand, in den so manches eingetragen ist? Ein deutlicher Hinweis auf einen Organisierer (spontane Menschen fühlen sich dadurch eingeengt). Verdorrte Blumen auf dem Fensterbrett? Ein P-Indiz für moderate Unordnung. In Regalen, Aktenschränken und Ablagen steht alles in Reih und Glied? Ein J-Indiz.

Wie sieht der Schreibtisch aus? Ein so genannter Volltischler hat es nicht so mit der Ordnung (Hinweis auf P): Überall liegen wild verstreute Unterlagen herum, und es stapeln sich Zettelberge.

Manuela, eine 28-jährige Bankberaterin, sagt über einen Kunden: «Der Herr Meier richtet seinen Kuli immer parallel zu seinem Schreibblock und alle Unterlagen auf dem Tisch rechtwinklig zueinander aus. Also so penibel muss man doch nicht sein!»

Wie beurteilen Sie Manuelas Einschätzung des Kunden? Sie hat zu wenig Menschenkenntnis. Sie erkennt den Kunden nicht als Organisierer. Was sagt wohl der Kunde über sie? Nichts Gutes, und er sagt das auch noch zu ihrem Vorgesetzten: «Ich möchte von einem anderen Mitarbeiter beraten werden. Zu dieser Frau habe ich kein Vertrauen.»

Warum nicht? Weil er sie für wenig zuverlässig hält. Nach mehrfachem Nachbohren verrät er auch, warum: «Die findet sich doch noch nicht mal in dem Tohuwabohu ihrer Unterlagen zurecht, das sie jedesmal auf dem Schreibtisch anrichtet!» Manuela ist eine Spontane, die sich nicht auf ihre gut organisierten Kunden einstellen kann, weil sie die unterschiedlichen Charakterneigungen gar nicht als solche erkennt.

Halten Sie was aus?

Die deutlichsten Hinweise auf den Charakter eines Kunden erhalten Sie aus seinen Reaktionen.

Wenn Sie zum Beispiel eine Tabelle aus dem Sales Folder ziehen und die Augen des Kunden leuchten, sein Blick sofort darauf wandert, gibt er Ihnen damit zu erkennen: «Ich bin SJ!» Schaut er gar nicht hin oder runzelt gar die Stirn, tendiert er eher zu NP. Das Problem an dieser permanenten Selbstoffenbarung des Kunden ist lediglich:

Ungeschulte Verkäufer nehmen die Reaktion des Kunden nicht wahr, weil sie viel zu sehr auf ihre Argumentation konzentriert sind.

Dabei sind diese Reaktionen viel wichtiger als die Argumentation. Aus diesem Grund gewinnt man selbst mit den besten Argumenten nicht automatisch den Auftrag – wenn man die Kundenreaktionen übersieht.

Verschärft wird diese Reaktion bei negativem Feedback, wenn der Kunde also ersichtlich oder vernehmlich mit etwas nicht einverstanden ist, was Sie tun oder sagen. Er runzelt die Stirn, blickt abwesend weg oder mosert: «Nicht schon wieder eine Simulationsrechnung!»

Ungeschulte Verkäufer verdrängen negatives Feedback oft mit flotten Gedanken wie: «Der Kunde soll sich nicht so anstellen!»

Warum verdrängen Verkäufer negatives Feedback? Weil es unangenehm ist und man sich persönlich davon getroffen fühlt. Dabei ist das völlig unnötig:

Wenn der Kunde meckert, meint er gar nicht Sie – er offenbart Ihnen damit lediglich seinen Charakter und seine Präferenzen!

Wenn Ihnen das klar wird, trifft Sie keine Kundenbeleidigung mehr, weil Sie dahinter sofort die Selbstoffenbarung erkennen. Erkennen Sie sie schon? Wenn Ihr Kunde folgende Beleidigungen ausstößt, was sagt Ihnen das?

1. «Nun kommen Sie doch mal auf den Punkt!»
2. «Und wozu soll das alles gut sein?»
3. «Verstehe ich jetzt nicht, was bringt mir das denn?»
4. «Hören Sie auf, mir zu erklären, wie das funktioniert. Das interessiert mich nicht!»
5. «Bitte beschränken Sie sich auf das Wesentliche.»
6. «Dafür habe ich jetzt einfach keine Zeit.»
7. «Verschonen Sie mich mit Ihren Details!»
8. «Sie haben gut reden! Sie würden natürlich alles besser machen!»
9. «Dass Sie begeistert sind von dem Produkt, interessiert mich nicht!»

Was der Kunde Ihnen damit sagen will:

1. «Ich bin S, und du redest N!»
2. «Als S brauche ich praktische Nutzanwendungen!»
3. N-Kunden stehen auf das Warum und Wozu, S-Kunden eher auf das Was und Wie.
4. Ein sehr ärgerlicher S-Kunde.
5. So spricht ein N-Kunde.
6. Ein P-Kunde hat immer etwas Zeit, ein J-Kunde nur dann, wenn sie eingeplant ist.

7. Das sagt ein N-Kunde.
8. Ein F-Kunde fühlt sich auf den Schlips getreten: Formulieren Sie wertschätzender!
9. Einem T-Kunden sind begeisterte Verkäufer von vornherein suspekt, weil er Emotionen im Business nicht mag.

Mit jeder Regung, jeder Äußerung verrät der Kunde etwas über sich.

Was fangen schwache Verkäufer damit an? Viele sagen: «Wenn ich alles ernst nehmen würde, was die Kunden so von sich geben ...» Tja, mancher lernt's nie. Spitzenverkäufer sind auch deshalb Spitzenverkäufer, weil sie eben alles ernst nehmen, was der Kunde sagt – weil es gute Rückschlüsse auf seinen Charakter zulässt. Oder anders ausgedrückt:

Gute Verkäufer sind Feed-back-fähig.

Privater Nutzen

Füllen Sie das Röntgenblatt (s. Seite 105) doch mal für Ihren Beziehungspartner, Ihre Kinder, Eltern, Freunde oder Verwandte aus. Sie werden Erstaunliches dabei feststellen:

- Sie kennen Ihre nächsten Mitmenschen offenbar nicht so gut, wie Sie annahmen. Denn eine Kategorisierung gelingt Ihnen nicht auf Anhieb. Sie müssen erst etwas gezielter beobachten – das ist der Schlüssel zur Menschenkenntnis.
- Sie erleben einige Überraschungen: «Ich dachte immer, sie ist so – dabei ist sie so gar nicht!» Warum? Weil Sie unbewusst von sich auf sie geschlossen haben und diese Täuschung jetzt aufdecken.
- Sie verstehen Ihre Mitmenschen plötzlich viel besser.
- Viele Konflikte und Reibereien entpuppen sich schlicht als Missverständnisse.

- Sie kommen besser bei Ihren Mitmenschen an. Beziehungen verbessern sich.

Alle diese positiven Wirkungen werden Sie übrigens auch bei Ihren Kunden (Vorgesetzten, Kollegen, Mitarbeitern ...) beobachten können.

Forcierte Diagnose

Spitzenverkäufer warten nicht, bis der Kunde ein Verhalten zeigt, das ihnen seine Einordnung ermöglicht. Sie provozieren die dafür nötigen signifikanten Reaktionen selbst.

Einige dieser Tests haben wir bereits angesprochen: Legen Sie dem Kunden eine große Tabelle mit vielen Zeilen und Spalten vor – der S wird sich gern darin vertiefen, der N verdreht die Augen (der so genannte Tabellen-Test). Oder der F-Test. Sagen Sie zum Beispiel zum Einkäufer, den Sie beraten, beiläufig: «Das wäre natürlich die bessere Option – auch wenn die Idioten im Controlling das sicher nicht verstehen werden.» Bauchmenschen (F) reagieren empfindlich auf solche Beleidigungen, auch wenn sie nicht persönlich getroffen sind, denn: «So kann man doch nicht über Menschen reden!»

Der P-Test ist noch viel einfacher: Legen Sie den Kunden recht früh schon auf irgendetwas, das Sie gerade besprochen haben, fest, zum Beispiel: «Halten wir mal fest, dass Sie auf keinen Fall einen stärkeren Motor wollen.» Notieren Sie das langsam und sichtbar. Ein Organisierer wird sich freuen, dass man sich bereits auf etwas einigen konnte. Der Flexible wird widersprechen:

- «Nö, also warum denn?»
- «Sie möchten sich noch nicht festlegen (Signalwort!)?»
- «Nein, kann ja sein, dass wir das doch brauchen ...»
- «Absolut. Dann werden wir das unbedingt offen halten (weiteres P-Signalwort)!»

Und schon haben Sie den P-Kunden im Boot, haben elegant den Rapport gestärkt.

Was Kunden verrät

In diesem Kapitel haben Sie eine Menge Hinweise auf die vier Charakterzüge eines Kunden erhalten. Hier nochmals im Überblick die häufigsten. Ein kleiner Tipp: Wenn Sie in der ersten Zeit die folgenden Seiten beim Gespräch neben sich legen, fällt Ihnen die Einordnung Ihrer Kunden leichter.

Introvertierte Kunden

- erkennen Sie daran, dass diese zuerst skeptisch, schweigsam, ja oft feindselig erscheinen – dabei sind sie lediglich zurückhaltend im Kontaktaufbau; eben introvertiert. Dieses Verhalten tritt in abgeschwächter Form selbst bei Wiederholungsbesuchen auf.
- hören lieber zu, bevor sie reden.
- brauchen eine längere Anwärmzeit.
- sind generell wortkarger als Extravertierte. Das heißt nicht, dass sie Ihr Angebot schlecht finden.
- denken nach, bevor sie reden.
- können Sie nur in ungestörtem (eben introvertiertem) Ambiente beraten.

Extravertierte Kunden

- reden, bevor sie nachdenken. Deshalb sollten Sie Extravertierte niemals schief anschauen, wenn diese «Unsinn» erzählen: Die brauchen das, weil sie nur beim Reden denken können!
- reden sofort offen und viel mit Ihnen – das heißt aber nicht, dass sie Sie besonders sympathisch oder Ihr Angebot besonders gut finden. Sie sind einfach nur extravertiert.

- reden lieber, als sie zuhören.
- lassen sich während Ihres Gespräches von jeder Menge anderer Dinge ablenken. Sie brauchen diese Ablenkung.

Pragmatische Kunden

- interessieren sich für das Was und Wie Ihres Angebotes.
- wollen Details, um überzeugt zu werden.
- wollen Erfahrungsberichte und Referenzinstallationen.
- interessieren sich vorrangig für den konkreten Praxisbezug. Ihre Zentralfrage ist: «Und was bringt mir das jetzt?»
- können Informationen nur in kleinen Häppchen verdauen.
- legen Wert auf eine fundierte Problemanalyse.
- reagieren allergisch auf Visionen, Strategien und Konzepte – das sind für sie nur Utopien.

Visionäre Kunden

- interessieren sich für das Warum und Wozu Ihres Angebotes, für die verschiedenen Möglichkeiten.
- wollen keine Problemanalyse, sondern Lösungsmöglichkeiten (auch wenn das eine ohne das andere nicht möglich ist – das juckt N-Kunden nicht sonderlich).
- interessieren sich für das große Bild, die Zusammenhänge.
- reagieren positiv auf neue Ideen, Konzepte und Strategien.
- reagieren allergisch auf Details.

Bauchkunden

- reagieren emotional sehr empfindlich auf alles Grobe, Kritische, Negative, Forsche. Sie halten das für unverschämt, gefühlskalt und rücksichtslos.
- reagieren sehr positiv auf Wertschätzung, Respekt, ehrliches Interesse und konkrete Komplimente.
- denken mit dem Bauch: Also reden Sie auch zum Bauch.
- honorieren eine emotionale Argumentationsweise.

Kopfkunden

- reagieren allergisch auf emotionale Rhetorik.
- reagieren positiv auf die kalten, harten Zahlen, Daten, Fakten.
- halten sich an Grundsätze und Prinzipien: Also finden Sie schnell heraus, welche das sind! Fairness, Gerechtigkeit und das Leistungsprinzip gehören oft dazu.

Organisierer

- haben immer alles gerne ordentlich, strukturiert und systematisch.
- quittieren Verstöße gegen ihre Ordnung mit Rapportbruch.
- reagieren positiv, wenn Sie während Ihrer Argumentation stets dem roten Faden folgen.
- halten sich genauestens an Termine und Absprachen und erwarten dasselbe von Ihnen.

Spontane

- halten sich ungern an irgendetwas – sie bleiben lieber flexibel.
- können sehr sprunghaft fragen und argumentieren.
- werfen Absprachen relativ schnell um.
- halten sich für alle Möglichkeiten offen.

Das Röntgenblatt

Hinweise auf	Hinweise auf
I:	E:
S:	N:
F:	T:
J:	P:

Notizen:

____

____

____

Hinweise auf	Hinweise auf
I:	E:
S:	N:
F:	T:
J:	P:

Notizen:

____

____

____

6. Das überzeugt jeden Kunden

«Es liegt nun einmal in
der menschlichen Natur,
dass sie leicht erschlafft,
wenn persönliche Vorteile
und Nachteile sie nicht
nötigen.»
GOETHE

Was dem Kunden nutzt, hängt von seiner Persönlichkeit ab

Ist es möglich, jeden Kunden zu überzeugen? Ja. Ist das nicht etwas utopisch? Nein. Denn inzwischen kennen Sie das Instrument, mit dem Sie jeden Kunden überzeugen können: die Passung. Bezogen auf die Nutzenargumentation heißt dies:

Passen Sie auch Ihre Argumente an die Persönlichkeit des Kunden an – und Sie werden jeden Kunden überzeugen!

Thomas, ein Bankberater, schlägt einem Kunden einen bestimmten Fonds vor und legt ihm als Fieberkurve dessen Performance in den letzten zehn Jahren im Vergleich zu den Top-5-Fonds des Fondssegments vor.

Der Kunde ist begeistert: «Boah, der schlägt die anderen ja seit Jahren um Längen!» Der Kunde unterschreibt binnen zehn Minuten. Zwei Stunden später schlägt Thomas denselben Fonds mit demselben Schaubild einem anderen Kunden vor. Dieser sagt: «Schön und gut, aber interessant sind doch wohl nicht die letzten, sondern die nächsten zehn Jahre!» Thomas sinniert nach dem Gespräch nachdenklich:

«Top-Performance in der Vergangenheit ist für den einen Kunden ein unschlagbarer Nutzen, während das den anderen völlig kalt lässt! Wie das?»

Inzwischen ahnen Sie die Antwort: Der erste Kunde ist Pragmatiker (S): Er verlässt sich auf Erfahrungswerte. Top-Performance ist für ihn ein überzeugender Nutzen. Der zweite Kunde ist Visionär (N): Er gibt nicht viel auf die Vergangenheit – für ihn ist die Zukunft entscheidungsrelevant. Das heißt:

Was ein Nutzen ist und was nicht, richtet sich nach der Persönlichkeit des Kunden!

Verkäufer mit mangelnder Menschenkenntnis haben ihre Probleme mit diesem Zusammenhang von Persönlichkeit und Nutzen. Thomas' Kollegin Sandra zum Beispiel regt sich auf: «Aber warum kapiert der Kunde denn nicht, dass dieser Fonds seit zehn Jahren der beste ist?» Weil ihn das nicht interessiert. Es gibt Kunden, die für das Gewesene nun mal nichts geben. Sie denken nicht in der Vergangenheit, sondern in der Zukunft. Nicht weil die Zukunft wichtiger wäre als die Vergangenheit, sondern weil ihre Persönlichkeit so gestrickt ist, dass sie lieber nach vorne als nach hinten schauen.

Die besten, glaubwürdigsten und überzeugendsten Argumente für den Kunden sind jene, die Sie an seine Persönlichkeit angepasst haben.

Thomas weiß das inzwischen. Deshalb verkauft er im Monatsschnitt 40 Prozent mehr Fondsanlagen als Sandra, die immer noch mit Produktvorteilen verkauft. Wer nur seine Produkte kennt und nicht seine Kunden, verkauft deutlich schlechter.

Tipp für Verkaufsleiter: Sorgen Sie nicht nur dafür, dass Ihre Verkäufer Ihre Produkte studieren, sondern vor allem auch ihre Kunden(präferenzen)!

Introvertierte Kunden überzeugen

Passen Sie Ihre Argumentation stets an die Persönlichkeit des jeweiligen Kunden an. Wenn Sie in Phase U des Gesprächs (s. Kapitel 5, Seite 104 «Das Goethe Prinzip») herausgefunden haben, dass Sie einen introvertierten Interessenten oder Kunden vor sich haben, gewinnen Sie ihn leichter, wenn Sie folgende Anpassungen vornehmen:

- Fallen Sie bei I-Kunden niemals mit der Tür ins Haus!
- Steigen Sie erst dann auf die Sachebene, das heißt die eigentliche Beratung ein, wenn Sie gut angewärmt haben und der Kunde körpersprachlich sichtbar aufmacht.
- Reduzieren Sie Ihren Redefluss gegenüber I-Kunden, wenn Sie eher extravertiert veranlagt sind. Nicht zutexten! Reden Sie deutlich weniger als üblich und als gegenüber E-Kunden.
- Geben Sie dem I-Kunden immer genügend Zeit, zwischen Ihren Argumenten nachzudenken. I-Kunden denken viel (und sagen wenig). Also: Viele rhetorische Pausen machen.
- Erwarten Sie keine besonders deutliche Rückmeldung auf Ihre Argumente: Introvertierte sind eher zurückhaltend. Das heißt nicht, dass sie skeptisch sind!
- Wenn Sie unsicher sind, fragen Sie einfach nach, zum Beispiel: «Was halten Sie davon?»
- Argumentieren Sie ruhig tiefgründig. Stille Wasser gründen tief und möchten daher auch tiefgründig angesprochen werden.
- Wenn Sie eher extravertiert sind, sollten Sie sich einiges Tiefgründige vorher zurechtlegen (spontan tiefgründig zu sein funktioniert nicht sonderlich gut).

- Introvertierte haben ein faustisches Motiv: Sie möchten wissen, was die Welt im Innersten zusammenhält. Also gehen Sie argumentativ ruhig in die Tiefe.
- Quasseln Sie nicht! Introvertierte empfinden die normale Sprechgeschwindigkeit von Extravertierten als Maschinengewehrdauerfeuer. Nehmen Sie Ihr Sprechtempo (zusätzlich zu den zuvor genannten Pausen) bewusst um ein Drittel bis die Hälfte zurück.
- Kleine Hilfe zur Verlangsamung des Sprechtempos: Atmen Sie bewusst tief ein und vor allem aus. Das reduziert das Sprechtempo automatisch.
- Reduzieren Sie Ihre Gestik! Für Introvertrierte sind munter mit den Händen und den Unterlagen fuchtelnde Verkäufer hektisch und schmerzhaft für die Augen.
- Extravertierte Verkäufer beschweren sich oft, dass sie Introvertierten «jedes Wort aus der Nase ziehen» müssen. Introvertierte reden wenig – doch dieses Wenige wird meist von E-Verkäufern überhört, weil sie vieles überhören, was kürzer als fünf Sätze ist.
- Introvertierte Kunden misstrauen erst mal allem, was von außen kommt, also allen Beratern, Gurus, Trainern und Verkäufern – und allen Ideen. Das ist das so genannte Not-invented-here-Syndrom: «Diese Idee kann ja gar nicht gut sein – denn sie stammt nicht von uns!» Ein Verweis auf Referenzen zieht bei ihnen nicht: «Das mag bei der XYZ AG funktionieren – aber bei uns nicht!» Wenn Sie jedoch Referenzen, Empfehlungen oder einfach nur positive Äußerungen aus seinem eigenen Haus vorbringen können, überzeugt ihn das. Denn: «Das muss ja gut sein, das kommt ja von uns!»
- Introvertierte Kunden brauchen unbedingt alles schriftlich, was Sie sagen! Viele E-Verkäufer reden viel, lassen dann aber nur schlechtes Prospektmaterial beim Kunden, das Lücken in der Argumentation aufweist. Doch der I-Kunde entscheidet

im stillen Kämmerlein! Dafür braucht er vollständiges und überzeugendes Material! E-Verkäufer glauben: «Wenn ich überzeugend bin, überzeugt das auch den Kunden!» Das stimmt nicht, sofern es ein I-Kunde ist.

Kunden wie Schafe: über einen Kamm geschoren

Die Tipps zur Argumentations-Anpassung hören sich einleuchtend an? Ja, doch in der Praxis finden sie selten ihren Niederschlag. Wie wir alle täglich erfahren, wenn wir selbst als Kunde unterwegs sind,

- passen Verkäufer ihre Argumente in der Regel nicht an den aktuellen Kunden an;
- erzählen Verkäufer jedem Kunden mehr oder weniger dieselben Produktvorteile in denselben Formulierungen;
- spulen Verkäufer bei jedem Kunden ihre 08/15-Beratung ab – und sind nicht selten auch noch stolz darauf;
- beherrschen Verkäufer die Produktargumentation gerade mal mit Ach und Krach, so dass sie mit einer persönlichkeitszentrierten Anpassung überfordert sind.

Schlimm, nicht wahr? Aber im Gegenteil: Gerade weil es den meisten Kolleginnen und Kollegen so ergeht, werden Sie mit Ihrer neu erworbenen Menschenkenntnis künftig das Feld meilenweit hinter sich lassen und Traumumsätze einfahren. Tolle Aussichten, oder?

Fettnäpfchen bei Introvertierten

- «Guten Tag, Herr Meier. Mein Name ist Sandra Vogt. Ich möchte Ihnen heute unseren Vermögensplan B vorstellen» – und schon macht der I-Kunde zu. Denn diese Standardgesprächseröffnung geht dem langsam warm werdenden I-Kunden viel zu schnell. Er fühlt sich überrollt. Er hält das bereits für eine Drückermethode!

- Extravertierte Verkäufer haben die Angewohnheit, relativ schnell auch Persönliches einzustreuen, um mit dem Kunden warm zu werden: I-Kunden finden diese vorschnelle Vertraulichkeit abstoßend.
- Fragen Sie selbst bei der Bedarfsanalyse nicht zu tief, vor allem nichts Persönliches. Introvertierte geben solche sensiblen Informationen erst, wenn sie richtig warm geworden sind.
- Überladen Sie das Erstgespräch nicht mit Themen und Argumenten. Vereinbaren Sie lieber Folgetermine, auch wenn diese schwer zu kriegen sind. Denn: Mit fremden Menschen zu reden ist für den I-Kunden geistig und körperlich sehr anstrengend – der E-Verkäufer erholt sich geradezu dabei.
- Verkneifen Sie sich flapsige, lockere, ungenaue, widersprüchliche Aussagen. Extravertierten fällt das etwas schwer, weil sie es beim Reden nicht so genau nehmen. Doch das ist bei I-Kunden gefährlich. Denn sie legen tatsächlich jedes Wort auf die Goldwaage. Also wählen Sie Ihre Worte weise! Denken Sie, bevor Sie reden, auch wenn das eine Umstellung für Sie bedeutet.
- «Meine Güte, warum haben Sie das denn nicht gleich gesagt?», entfährt es manchem E-Verkäufer, wenn der Kunde mitten in der Produktdarstellung sagt, dass das Gespräch eigentlich in der falschen Richtung unterwegs ist. Antwort des Kunden: «Sie haben mich ja nicht danach gefragt!» Merke: I-Kunden müssen Sie wirklich nach allem Relevanten fragen – die sagen wenig bis nichts von sich aus.
- Viele E-Verkäufer kommen auf die Idee: «Mensch, sind das aber trübe Tassen! Da bringe ich mal richtig Stimmung in die Bude!» Das ist gut gemeint, geht aber mit Wucht nach hinten los: I-Kunden wollen keinen Entertainer und keine «Stimmung». Sie mögen es lieber gesetzt, gelassen und seriös.

- «Meine Güte, ist der Kunde pingelig. Der legt jedes meiner Worte auf die Goldwaage!» So beklagen sich manchmal Verkäufer über ihre Kunden. Wer das tut, hat eines nicht verstanden: Wenn ein I-Kunde pingelig ist, dann nicht, weil er seinen Verkäufer nerven möchte, sondern weil diese Neigung seiner Persönlichkeit entspricht!

Das sind jede Menge Tipps und Fettnäpfchen, die es bei der Beratung von I-Kunden zu beachten gibt, finden Sie nicht auch? Wenn Sie mit der Fülle der guten Ratschläge kämpfen, dann konzentrieren Sie sich zu Beginn doch einfach auf eine simple Basis-Empfehlung:

Wenn Sie als E-Verkäufer I-Kunden beraten, dann entschleunigen Sie in allen Belangen deutlich! Treten Sie «piano» auf!

Das heißt konkret: Nehmen Sie Ihr Sprechtempo, Ihre Lautstärke, Ihre Gestikulation, Ihre persönlichen Anekdoten und Unterhaltungselemente deutlich zurück. Dann und nur dann hört Ihnen der introvertierte Kunde auch zu und würdigt überhaupt erst den inhaltlichen Gehalt Ihrer Argumente.

Extravertierte Kunden überzeugen

- Ist der Kunde extravertiert, sollten Sie stärker aus sich herausgehen, wenn Sie eher introvertiert sind.
- Reden Sie mehr als sonst, auch lebhafter, lauter, intensiver und variabler in Mimik, Gestik und Körperhaltung. Übrigens: Wenn Sie eher introvertiert sind, sollten Sie das erst einmal vor dem Spiegel üben. Denn von allein kann das keiner.
- Streuen Sie ruhig auch persönliche Bemerkungen ein, E-Kunden lieben das.
- E-Kunden lieben Infotainment. Also bauen Sie ganz bewusst

Unterhaltungselemente, Gags, Zitate und Abwechslung in Ihre Beratung ein.

- Bereiten Sie sich darauf vor! Vor allem I-Verkäufer sind in der Regel nicht spontan unterhaltend.
- Bereiten Sie sich am besten schriftlich vor: Überlegen und notieren Sie sich E-Elemente für Ihre Beratung.
- Um es deutlich zu sagen: Was ein I-Verkäufer als lästige Ablenkung vom Beratungsprozess versteht, ist für den E-Kunden eine willkommene Abwechslung.
- Um es noch deutlicher zu sagen: Der E-Kunde wird Sie nachher (unbewusst!) anhand dieser auflockernden Elemente beurteilen – nicht nach Ihrer fachlichen Brillanz!
- Vergessen Sie Ihre professionelle Distanz zum Kunden, wenn der E-Kunde Signale gibt, gerne auf Du und Du zu verhandeln. I-Verkäufer missverstehen das oft als zu vertraulich – dabei entspricht es lediglich der persönlichen Präferenz des Kunden.
- E-Kunden sind begnadete Selbstdarsteller – geben Sie ihnen jede Gelegenheit dazu, von ihren Erfolgen und Erfahrungen zu berichten. Würgen Sie sie bloß nicht mit dem Argument ab: «Wir müssen sachlich weiterkommen!» Dem Kunden sind seine Storys viel wichtiger als Ihre Argumente. Wenn Sie dem Kunden gut zuhören können, wenn er vom Leder zieht, zieht das viel besser als jedes Argument.

E-Fettnäpfchen

- Extravertierte Kunden empfinden I-Verkäufer meist als wenig überzeugend, weil sie so leise, wenig und wenig begeisternd reden. Nicht weil sie nicht begeistert wären, sondern weil sie introvertiert sind.
- I-Verkäufer regen sich oft furchtbar auf über den «Mist», den E-Kunden so erzählen. Das merkt der Kunde natürlich! Den-

ken Sie (als I) immer daran: E-Kunden denken beim Reden – also lassen Sie sie denken. Legen Sie nicht jedes ihrer Worte auf die Goldwaage. Nehmen Sie den E-Kunden ernst – auch in seiner typischen, oft nur so dahergeredeten Unernsthaftigkeit.

- «Können wir nicht irgendwo ungestört sein?», «Ich komme wieder, wenn Sie weniger um die Ohren haben!». Großer Fehler! Der E-Kunde braucht viel um die Ohren, um denken zu können. Kunden sollten Sie generell in deren gewohnter Umgebung beraten. Bei E-Kunden ist diese nun mal lebhaft.
- Holen Sie E-Kunden, die sprunghaft das Gesprächsthema wechseln, nicht zu oft und zu deutlich zum eigentlichen Gesprächsthema zurück. I-Verkäufer halten das zwar für nötig, doch E-Kunden fühlen sich dadurch gemaßregelt und bloßgestellt. Extravertierte wechseln nun eben mal gerne das Thema! Des Kunden Wille ist sein Himmelreich ... Gehen Sie den Themenwechsel mit und wechseln Sie dann ganz diplomatisch und weich wieder zum roten Faden zurück. Bleiben Sie diplomatisch.

S-Argumente

- Pragmatiker lassen sich am leichtesten und ehesten überzeugen von Erfahrungswerten, Zeitreihen, Tabellen, Statistiken, Schaubildern, Testergebnissen, Referenzen, Anwendungsbeispielen, Benchmarks, Best Practices, Auszeichnungen, Produktvergleichen, Empfehlungsschreiben, Kundenaussagen, Experten-Meinungen, prominenten Fürsprechern. Warum? Weil alle diese Informationen vergangenheitsbezogen sind und der S-Kunde eben auf Erfahrung setzt.
- Übrigens, wie viele der eben aufgezählten 16 Argumentationsformen führen Sie in Ihren Verkaufsunterlagen? Weniger als fünf? Dann verschenken Sie bei S-Kunden mächtig Um-

satz. Ungefähr zehn? Ordentlich. Mehr als zehn? Spitzenklasse!

- Streichen Sie Ihre Erfahrung mit Signalworten heraus wie zum Beispiel «Traditionsunternehmen», «bewährt seit mehr als … Jahren», «mehr als …-tausend zufriedene Kunden», «Aus meiner Erfahrung heraus kann ich sagen …», «Die Erfahrung lehrt uns doch, dass …».
- Sie sollten die technische Seite Ihres Angebots in- und auswendig kennen, denn S-Kunden stellen gerne Detailfragen.
- Bereiten Sie sich darauf vor, dass S-Kunden nach «irrelevanten Kleinigkeiten» fragen, wie N-Verkäufer das gerne nennen. Der Haken daran: Für den Kunden sind diese Kleinigkeiten nicht irrelevant!
- Den Praktiker überzeugen eigentlich nur drei Dinge: Praxis, Praxis, Praxis.
- Sie müssen Anwendung mit ihm reden. Vor allem: Anwendung in seinem konkreten Fall. Richtig erkannt: Das setzt eine gute Bedarfsanalyse voraus und gewisse Fachkenntnisse seiner Anwendung. Uns wundert immer wieder, dass einige Verkäufer tatsächlich noch glauben, sie könnten S-Kunden ohne Anwendungswissen verkaufen. Meist sind das die Verkäufer, die nur noch über den Preis verkaufen können …
- S-Kunden fahren gerne Wiederholungsschleifen: «Wie war das nochmals mit dem Hedge-Fonds?» N-Verkäufer bringt das aus der Fassung; sie denken: «Was soll das denn? Das hatten wir doch längst!» Der Kunde bemerkt die Irritation und reagiert seinerseits irritiert. Ein Verkäufer, der die Da-capo-Neigung von S-Kunden kennt, reagiert schlauer: «Das schauen wir gleich nochmals an!»
- Jeder S-Kunde hat einen bestimmten Detaillierungsgrad. Manche nehmen es genau, andere supergenau. Stellen Sie sich auf den Grad des aktuellen Kunden ein und bleiben Sie auf dieser Ebene, ohne sie zu über- oder unterschreiten.

NDV – Neigungsdifferenzierte Vorbereitung

Um es überspitzt zu sagen: Geben Sie einem S-Kunden genügend konkrete Details, kauft er automatisch – und ohne dass Sie sich anstrengen müssen. Gerade das ist das Erfolgsrezept von Peter, dem Mountainbike-Verkäufer (s. Kapitel 1, Seite 16/17): Er schüttet seine Kunden mit Details zu. Bei seinen S-Kunden ist er deshalb König, bei seinen N-Kunden floppt er jedoch so spektakulär wie beim beispielhaften Zahnarzt – oder tut sich schrecklich schwer in der Beratung. Was macht Peter, wenn der nächste Zahnarzt auftaucht?

Ohne Vorbereitung können Sie nicht von Ihrer Neigung zu der des Kunden «springen»!

Wenn Sie eher zum Visionären neigen, dann fallen Ihnen im Beratungsgespräch eben nicht spontan ausreichend Details ein, die (dem Kunden!) konkret und praxisbezogen genug sind. Umgekehrt gilt dasselbe: Wenn man Thomas, dem Bankberater, seine Fieberkurven nimmt, dann steht er erst mal ratlos da: «Ja worauf springen denn N-Kunden an, wenn nicht auf Fieberkurven?» Zum Beispiel auf die zukünftigen (N-Signalwort!) Ertragsaussichten (N-Signalwort!) eines Fonds, die sich auf das konzeptionell (Signalwort!) clever gewählten Aktienportfolio (Signalwort!) mit extrem hohen Wachstumschancen (Signalwort!) stützen. Aber darauf müssen Sie erst einmal kommen! Das müssen Sie sich *vor dem Gespräch* ausdenken, aufschreiben und vor dem Spiegel ausprobieren. Das heißt:

Sie kennen Ihr Persönlichkeitsprofil. Überlegen Sie sich vor einem Gespräch, wie Sie Ihre Argumente anpassen werden, wenn der Kunde von Ihrem Profil abweicht.

Das nennt man neigungsdifferenzierte Vorbereitung (NDV). Wenn Sie also ein munterer ENFP-Verkäufer sind, dann legen Sie sich für jedes Ihrer Argumente auch I-, S-, T- und J-Versionen zu! Sie stöhnen innerlich? Sie fühlen sich von dieser Vorbereitung in Ihrem Spielraum eingeengt? Was heißt das? Dass Ihre P-Neigung gerade durchkommt und Sie um Ihren verdienten Erfolg bringen möchte. Sie müssen sich nicht in ein Korsett zwängen: Überlegen Sie einfach zwanglos einige typspezifische Argumentationsvarianten. Im konkreten Beratungsfall können Sie dann immer noch entscheiden, ob Sie sie benutzen oder nicht. Das heißt: Auch P-Verkäufer können sich so vorbereiten, dass sie gut vorbereitet sind, ohne sich dabei in ein Schema F pressen zu müssen.

Das NDV-Formblatt

Etliche Spitzenverkäufer arbeiten mit folgendem Formblatt, um immer den Überblick über die typspezifischen Argumenationsvarianten zu behalten und im Kundengespräch in Sekundenbruchteilen das richtige Argument wählen zu können. Hier ein Auszug aus dem Formblatt von Thomas, dem Bankberater.

Produktvorteil	**S-Nutzen**	**N-Nutzen**
Fonds ist Marktführer	Spitzenstellung im 10-Jahresvergleich (Fieberkurve)	Überlegenes Wachstumskonzept (Aktienportfolio)

Das Formblatt benötigen Sie nur in der Anfangszeit. Schon nach wenigen Gesprächen werden Sie die typspezifischen Differenzierungen Ihrer Verkaufsargumente beherrschen.

S-Fettnäpfchen

- Viele Prospekte und Verkäufer werben mit «neu!» oder «innovativ!». Der S-Kunde ist jedoch allem Neuen gegenüber erst einmal skeptisch eingestellt. Er vertraut lieber seiner Erfahrung als «neumodischem Kram». Ihm ist ein vertrautes Übel lieber als eine unbekannte Wohltat.
- S-Kunden sollten Sie daher Neuigkeiten nicht unbedingt als «neu!» verkaufen, sondern als «konsequente Weiterentwicklung» einer «tausendfach bewährten» Idee. Das überzeugt sie eher!
- Wenn S-Kunden nach der Anwendung fragen, bringen N-Verkäufer in der Regel firmenfremde Anwendungsbeispiele. Standardeinwand des S-Kunden: «Und was hat das mit meiner Praxis zu tun?» Spontaner Gedanke des N-Verkäufers: «Ja ist der Kerl denn zu blöd, das auf seine Praxis zu übertragen?» Nein, er erwartet lediglich, dass Sie das tun. So sind S-Kunden.
- Viele Anwendungsbeispiele von N-Verkäufern sind dem S-Kunden nicht detailliert genug. Was ein N-Verkäufer für detailliert hält, hält ein S-Kunde für oberflächlich. Also: Noch mehr Praxis, noch mehr konkrete Details in Ihre Argumentation einbauen!
- Hüten Sie sich vor Schlagworten («Marktdynamik», «Innovation», «Dynamisierung»). Die Werbung ist voll davon! Warum? Weil das bei Kunden so gut ankommt? Nein, weil die meisten Werbetexter eine starke N-Neigung haben. S-Kunden bringen diese abstrakten und unspezifizierten Allgemeinplätze auf die Palme: «Was soll denn das heißen? Was bringt mir

das? Ist doch alles hohles Geschwafel!» Kurz: Schlagworte sind Sprachmüll in den Ohren von S-Kunden. Wenn Sie sie schon benutzen, dann immer mit einer sofort folgenden Konkretisierung: «Das heißt konkret für Sie ...»

- S-Kunden sollten Sie nach dem Motto beraten: «ein kleiner Schritt nach dem anderen». Der Haken daran: N-Verkäufer beraten automatisch etwas sprunghaft (aus Sicht des S-Kunden). Deshalb verlieren ihre S-Kunden oft den Faden im Gespräch.
- S-Kunden erwischen selbst gut vorbereitete N-Verkäufer oft mit unglaublich detaillierten Detailfragen auf dem falschen Fuß. Was macht der Verkäufer? Abwiegeln: «Das weiß ich jetzt auch nicht. Ist auch nicht so wichtig.» Oder schlimmer: «Das hat bislang noch kein Kunde von mir wissen wollen!» Die Folge? Rapportbruch! Der N-Verkäufer denkt: «So eine Bagatelle!» Der S-Kunde jedoch denkt: «Der kennt sich überhaupt nicht aus! Der ist ja unseriös!» Beugen Sie diesem vernichtenden Urteil vor, indem Sie antworten: «Gute Frage. Ich kenne die grobe Antwort, aber ich möchte erst noch einige Details mit den zuständigen Spezialisten abklären. Ich rufe Sie an!» Das geht dem S-Kunden runter wie ein frisch Gezapftes.

Visionäre überzeugen

- N-Kunden springen auf alles Neue, Innovative, Bahnbrechende, Niedagewesene an. Also verwenden Sie die entsprechenden Signalworte!
- N-Kunden mögen Schlagworte, weil sie komplexe Sachverhalte auf das Wesentliche reduzieren.
- Sie stehen auf Konzepte, Visionen, Strategien, Ideen, Möglichkeiten, Alternativen, Optionen, Portfolien.
- Sie interessieren sich nicht wie der S-Kunde für das Was und Wie Ihres Angebots, sondern eher für das Warum und Wozu:

Wofür kann der Kunde Ihr Angebot einsetzen? Welche grandiosen und vielseitigen Möglichkeiten hat er? Das dürfen ruhig Möglichkeiten sein, die er nie brauchen wird. Messeverkäufer wissen das: Auf Messen kaufen N-Kunden oft Produkte, die in ihrer konkreten Anwendungssituation überhaupt nicht funktionieren. Warum? Weil N-Kunden nicht an die konkrete Anwendung, sondern an viele abstrakte Anwendungen denken, wenn sie kaufen.

- Was Sie als S-Verkäufer für eine total oberflächliche Argumentation halten, beurteilt der N-Kunde als sehr übersichtlich und kurzweilig.
- N-Kunden reagieren sehr positiv auf «Was wäre wenn»-Argumente, zum Beispiel: «Was wäre, wenn der Aufschwung käme? Dann wäre Ihr aktuelles System hoffnungslos überfordert!» Den S-Kunden juckt das nicht: «Bislang hat es doch auch so gut funktioniert!» Der N-Kunde dagegen liebt das Denken in Eventualitäten: «Stimmt, darauf müssen wir vorbereitet sein!»

Was Sie bei N-Kunden vermeiden sollten

- Erklären Sie einem Visionär nur in ganz groben Zügen, wie Ihr Produkt funktioniert. Das Was und Wie eines Angebots interessiert ihn nicht sonderlich. Der N-Kunde langweilt sich dabei sehr schnell!
- Vermeiden Sie tunlichst Wiederholungen in der Argumentation. N-Kunden reagieren allergisch auf Wiederholungen, selbst wenn sie argumentativ nötig sind. Gehen Sie einfach kurz darüber hinweg: «Eigentlich sollten wir uns für diese Anwendungsmöglichkeit nochmals Ihr Maschinenareal ansehen – aber das hatten wir ja schon.» Geht der Kunde nicht konform, kann er immer noch widersprechen.
- Verschonen Sie den Visionär mit Details! Lassen Sie ihn die Detailklärung nötigenfalls einem Assistenten delegieren.

- Achten Sie auf Ihren Kunden: Zeigt er Anzeichen von Langeweile – dann nicht weiter vertiefen, sondern schnell zum nächsten (oder übernächsten!) Punkt!
- Stellen Sie argumentativ nicht auf Erfahrung und Tradition ab – das interessiert den Visionär wenig. «Aber das ist doch unser USP!», wenden vor allem Traditionsunternehmen oder Mittelständler ein. Stimmt, aber was nützt Ihnen das, wenn es den Kunden nicht interessiert, weil es nicht seiner Persönlichkeitsstruktur entspricht?

Was F-Kunden lieben

- Achten Sie bei Ihrer Argumentation gegenüber einem F-Kunden stärker auf seine Gefühle als auf Ihre Argumente. Diese Erfolgserfordernis überfordert den untrainierten (T-)Verkäufer oft. Gefühle zu berücksichtigen ist ungewohnt ...
- Wenn Sie den Bauchkunden und seine Gefühle wie ein rohes Ei behandeln, mag Ihnen das übervorsichtig erscheinen – doch damit liegen Sie genau richtig!
- Fragen Sie den F-Kunden ruhig nach seinen Gefühlen (auch wenn Ihnen das widerstrebt). Da sie für ihn ohnehin entscheidungsrelevant sind, können Sie sie auch gleich explizit einbeziehen. Besser die Gefühle kommen auf den Tisch – dann können sie Sie nicht verdeckt torpedieren. Fragen Sie: «Wie fühlen Sie sich damit? Passt das?»
- Gehen Sie vor allem bei Buying-Center-Entscheidungen auch auf die Gefühle des von der Kaufentscheidung Betroffenen ein – denn die beschäftigen den F-Kunden unterschwellig sehr.
- Zeigen Sie dem Kunden durchgehend ein starkes, ehrliches Interesse und ein aufrichtiges Verständnis für seine Probleme, Sorgen und Erfolge. Artikulieren Sie das immer wieder: «Ja, das verstehe ich, so geht's mir auch manchmal» oder «Das ist aber interessant, erzählen Sie mal!».

- Richtig, das muss man üben. Ehrliches Verständnis und Interesse kann man oft selbst dann nicht artikulieren, wenn man schon dreißig Jahre im Verkauf ist. Üben Sie. Beginnen Sie damit ruhig in der Familie oder mit F-Kollegen.
- Steigen Sie auf die Emotionalität des F-Kunden ein, spiegeln Sie sie! Nichts ist schlimmer, als wenn ein Bauchkunde Ihnen sein Herz ausschüttet und Sie peinlich berührt und stumm dasitzen und wünschen, dass der Kerl (oder schlimmer: die Kundin) doch endlich damit aufhören könnte, so schrecklich emotional zu sein! Denken Sie an den Lohn der Mühe: Wenn Sie einem Bauchkunden mal die Lebensbeichte abgenommen haben, haben Sie einen Freund fürs Leben und einen krisensicheren Rapport gewonnen. Seinen Beichtvater wechselt kein gesunder Kunde ohne Not ...

F-Sünden

- Widersprechen Sie dem F-Kunden nicht, kritisieren Sie ihn oder seine Firma nicht – er nimmt das alles sehr persönlich! Diese Einschränkung ist sehr restriktiv, da viele Verkäufer unbewusst die Mängel der konkreten Bedarfssituation beim Kunden dramatisieren, um seine Kaufbereitschaft zu erhöhen; Stichwort: No pain – no gain. Bei F-Kunden geht das so genannte Pain Development nach hinten los!
- Da der Kunde in einem normalen Beratungsgespräch circa alle zehn Sekunden mit irgendetwas unrecht hat, ist die Widerspruchsvermeidung die eigentliche Hauptaufgabe bei der F-Beratung. Oder wie das Sprichwort sagt: «Man sollte einem (F-)Menschen die Wahrheit nicht wie einen nassen Lappen um die Ohren schlagen, sondern wie einen Mantel hinhalten, damit er bequem hineinschlüpfen kann.»
- Hüten Sie sich davor, Ihre Fachkompetenz auszuspielen, indem Sie Empfehlungen aussprechen: «Das muss man so und

so machen!» Der F-Kunde hält Sie danach für einen üblen Demagogen.

- Tatsächlich fasst der F-Kunde jede fachkompetente Aussage leicht als impliziten Vorwurf auf: «Warum klappt das bei dir nicht? Warum weißt du das nicht?» Also argumentieren Sie nicht mit Aussagen, sondern so weit wie möglich mit Fragen: «Wenn wir das so und so machen, was halten Sie davon?» Der F-Kunde reagiert darauf geradezu euphorisch: Endlich mal ein Verkäufer, der ihn versteht und ernst nimmt und nicht den Besserwisser raushängen lässt.
- Verkneifen Sie es sich, offensichtliche Missstände, Fehler oder Versäumnisse offen, ehrlich und direkt anzusprechen – der Bauchmensch fasst das als Vorwurf auf. Artikulieren Sie bei diesen Themen extrem rücksichtsvoll, abtastend, höflich, freundlich und verständnisvoll.
- Bauchkunden legen exorbitant hohen Wert auf Höflichkeit und Freundlichkeit. Viele Verkäufer glauben jedoch, dass Freundlichkeit unseriös oder unehrlich ist: «Wieso soll ich ständig grinsen wie ein Honigkuchenpferd?» Weil den F-Kunden das stärker überzeugt als Ihre brillanten Argumente! Bricht Ihnen ein Zacken aus der Krone, wenn Sie F-Kunden gegenüber herzlicher sind als sonst? Eher im Gegenteil: Wenn Sie es nicht sind, brechen Ihnen etliche Zacken aus der Umsatzkrone.
- «Wir müssen das ganz sachlich sehen!», «Es zählt nur, was unterm Strich dabei herauskommt», «Nur die harten Fakten entscheiden». Was halten Sie von diesen typischen Verkaufsredewendungen? Richtig: Wenn Sie so was einem F-Kunden sagen, brechen Sie den Rapport. Er sieht das Ganze nämlich nicht sachlich, sondern emotional.

Wie artikulationsfähig sind Sie?

Alles, was Sie in diesem Kapitel lesen, folgt im Grunde einem alten Sprichwort: Der Ton macht die Musik. Viele Verkäufer haben ein Problem damit: «Aber es kommt doch auf den Inhalt, das Argument, die objektiven Produktvorteile an – und nicht auf die Formulierung!» Wenn das stimmen würde, dann gäbe es keine Werbung, kein Marketing, keine Romane und keine Gedichte. Tatsächlich ist es umgekehrt, wie schon das Sprichwort sagt: Der Ton macht die Musik. Der Stil, die Formulierung, die Passung entscheidet – der Inhalt ist nämlich bei den meisten Produkten aus Sicht des Kunden absolut vergleichbar, wenn nicht identisch. Das einzige, was einen Unterschied macht, ist der Stil des Verkäufers. Passt er zum Stil des Kunden? Das ist die umsatzentscheidende Frage. Was ist Ihre Antwort?

Was Kopfkunden überzeugt

- Argumentieren Sie absolut emotionslos – Kopfkunden empfinden das als wohltuend und überzeugend.
- Konzentrieren Sie sich auf ZDF – Zahlen, Daten, Fakten.
- Achten Sie auf die Prinzipien und Grundsätze des Kunden, die er Ihnen im Gespräch offenbart, zum Beispiel: «Wir machen das so und so» oder «Das wäre den anderen Abteilungen gegenüber ungerecht». Die meisten dieser Prinzipien mögen Ihnen hanebüchen erscheinen – doch des Kunden Wille ist sein Himmelreich.
- Zeigen Sie nicht zu viel Begeisterung für Ihr Produkt! Der Kopfkunde hält das für unseriös und deplatziert. Emotionen haben für ihn im Entscheidungsprozess nichts zu suchen.
- Verwenden Sie üppig viele Signalworte wie: sachlich, objektiv, messbar, prinzipiell, grundsätzlich, quantitativ, logisch, analytisch, effizient, rationell, exakt, rational …
- Sprechen Sie bei der Bedarfsanalyse Missstände in seinem

Unternehmen oder Führungsbereich offen und sachlich an. Kopfkunden sind sehr kritikfähig, weil sie selbst sehr kritisch denken.

Was Kopfkunden stört

- Kopfkunden reagieren allergisch auf alles Emotionale. Ihr Credo: «Gefühle haben im Business nichts zu suchen!»
- Was der Kopfkunde nicht akzeptiert: Schwachstellen in Ihrem Konzept, Ihrem Angebot oder Ihrer Argumentation. Er wird sofort das Haar in der Suppe finden und es Ihnen auftischen.
- T-Kunden finden es affig, wenn Sie auf ihre Kritik hin emotional reagieren. Sie erwarten, dass Sie über ihre Kritik offen und sachlich reden.

Gut organisierte Kunden überzeugen

- Seien Sie auf die Minute pünktlich! J-Kunden sind Pünktlichkeitsfanatiker.
- Halten Sie sich unter allen Umständen aufs i-Tüpfelchen an getroffene Vereinbarungen – und auf keinen Fall nur an «den Geist der Vereinbarung».
- Der J-Kunde braucht eine stringente Ordnung der Argumentation. Sagen Sie ihm vorab, wie Sie beraten werden: «Zunächst erfassen wir mal Ihren Bedarf, dann …»
- Halten Sie diese Ordnung über alle Gesprächsphasen transparent, indem Sie sie kommentieren: «Soweit zur Bedarfsanalyse, jetzt kommen wir zur …»
- Wenn Sie von einer vereinbarten Ordnung abweichen, dann holen Sie das Einverständnis des Kunden ein: «Ich schaffe es heute nicht pünktlich, ich stecke im Stau. Ich bin um zehn bei Ihnen. Ist das in Ordnung?» Fehler vieler P-Verkäufer: Sie sind erst um zehn nach zehn beim Kunden, weil sie sich nicht

trauten, die korrekte Verspätung anzukündigen. Damit sind sie beim J-Kunden unten durch: Sie haben ihr Wort gebrochen!

- J-Kunden lieben Checklisten, Organigramme, To-do-Listen, Tabellen, Formulare, strukturierte Abläufe, Verfahren, Prozesse, Systeme, Methoden … Weil das alles so schön Ordnung macht und Orientierung gibt.
- Achten Sie die Ordnung des Kunden! Wenn er erst einen Ordner anlegen muss, um eine Entscheidung zu treffen, dann mokieren Sie sich nicht darüber, sondern unterstützen Sie seine Ordnung.

J-Fettnäpfchen

- Selbst wenn Sie auch nur eine Minute zu spät kommen oder aus absolut nachvollziehbaren Gründen minimal von einer Vereinbarung abweichen, bauscht der J-Kunde das sofort zum prinzipiellen Vertrauensbruch auf.
- Wenn Sie einem J-Kunden «Lieferung nächste Woche» versprechen und die Auslieferung es erst übernächste Woche schafft, sind Sie für den J-Kunden ein Betrüger. Der J-Kunde akzeptiert eine ehrlich angekündigte späte Lieferung eher als eine früh angekündigte, verspätete Lieferung.
- Geben Sie J-Kunden immer exakte Antworten. «Das kann man so nicht sagen», «Das kommt darauf an», «Das hängt davon ab», «Im Prinzip ja, aber das kommt auf den Einzelfall an», «Das kann so oder so sein», «So eindeutig lässt sich das nicht sagen». So sachlich korrekt diese Aussagen auch sein mögen, der J-Kunde zieht die falschen Schlüsse daraus: «Dieser Verkäufer weicht mir aus, lügt mich an – oder hat keine Ahnung!»
- «Schaun wir mal», «Das regeln wir dann, wenn's soweit ist», «Darüber müssen Sie sich jetzt noch keine Sorgen machen»,

«Das regeln wir dann im Einzelfall», «Dazu kommen wir noch», «Das kann ich jetzt noch nicht sagen» … Solche typischen P-Verkäufer-Äußerungen wertet der J-Kunde als reinen Sprachmüll und Kundenveräppelung – selbst wenn sie sachlich gerechtfertigt sind. Denn der J-Kunde möchte Ordnung *hic et nunc* – hier und jetzt.

Worauf P-Kunden abfahren

- P-Kunden lieben die Auswahl. Je mehr, desto besser.
- P-Kunden neigen zu Spontanentscheidungen. Akzeptieren Sie diese – auch wenn Ihre Beratung noch nicht komplett ist.
- Halten Sie in der Beratung dem P-Kunden so lange wie möglich – am besten bis kurz vor dem Abschluss – alle Möglichkeiten offen. Er legt sich ungern früh fest.
- P-Kunden sind Abschlussneurotiker. Weil sie sich ungern festlegen, unterschreiben sie auch ungern. Kleiner Trick: Je größer das Hintertürchen, das Sie dem P-Kunden offen halten, desto eher unterschreibt er; zum Beispiel: «Wenn Sie nach der Lieferung feststellen, dass es doch nicht passt – einfach bei mir anrufen, wir wechseln dann die nicht passenden Module auf dem kleinen Dienstweg aus!»

Was P-Kunden nicht leiden mögen

- Spontankunden mögen es nicht, wenn Sie sie festzunageln versuchen. Wenn ein Kunde eine gestern getroffene Vereinbarung heute umwerfen möchte – dann verhandeln Sie mit ihm darüber, wie das in die Wege zu leiten ist. Auch wenn Sie das frustriert.
- Spontankunden springen gerne von einem Thema zum anderen – holen Sie sie dann nicht auf den Pfad der Tugend zurück, sondern springen Sie mit!

- P-Kunden sind in ihrer Spontaneität leicht chaotisch. Versuchen Sie nicht, Ordnung ins Chaos zu bringen. Das fasst der Kunde als Drangsalierung auf. Es reicht, wenn Sie den Überblick behalten. Zwingen Sie ihm Ihre Ordnung aber nicht auf.
- Kommen Sie Spontankunden bloß nicht mit Checklisten und Formularen. Die finden das bürokratisch und borniert.

Dann haben Sie es geschafft

Nach einiger Zeit der Anwendung werden Sie erleben, dass Sie nicht nur Ihre Argumente der Kundenpersönlichkeit anpassen, sondern auch Ihre eigene Verkaufspersönlichkeit.

Neulich erzählte ein IT-Berater: «Meine Frau sagte am Abend zu mir: ‹Was ist los mit dir? Du bist ja heute so gut drauf!› Ich hatte es gar nicht bemerkt: Normalerweise denke und lebe ich vom Kopf her. Ich war an diesem Tag jedoch bis kurz vor Feierabend mit einem gut ausgeprägten Bauchkunden zusammen. Und die herzliche, emotionale und freundliche Art, die eben bei ihm gut ankommt, hatte ich einfach vergessen, mit dem Feierabend abzulegen. Nun kam auch meine Frau in den Genuss dieser Persönlichkeit – und fand es ganz toll.»

Dieser Wechsel der Persönlichkeiten macht sehr viel Spaß. Sie werden unglaublich wandlungsfähig werden – und sich trotzdem im Kern treu bleiben. Mehr noch: Je stärker Sie sich wandeln können, desto stärker werden Sie spüren, wer Sie eigentlich sind.

7. Kann der Kunde nicht die Klappe halten?

«Was ein Verkäufer taugt, zeigt sich an seiner Einwandsbehandlung.»
VOLKER M., VERKAUFSLEITER

Der Kunde stört

Das Einzige, was beim Verkauf stört, ist der Kunde. Denn der Kunde kauft nach einer kompetenten Angebotspräsentation nicht etwa prompt und umgehend. Nein, er macht unverständliche Einwände, stellt seltsame Fragen und entwickelt widerborstig Widerstände, kurz: Er stört den Abschluss! Mit diesen Störungen beschäftigen wir uns jetzt. Wir gehen dabei von zwei Annahmen aus: Sie sind kein blutiger Neuling mehr im Verkauf. Sie kennen sich bei der Einwandsbehandlung aus.

Sie kennen inzwischen die einzelnen Kundentypen mehr oder weniger aus den Vorkapiteln.

Deshalb können wir uns die langwierige Beschreibung der typorientierten Einwandsbehandlung (EWB) sparen und gleich zur Anwendung in der Verkaufspraxis schreiten. Um das Ganze etwas abwechslungsreicher, zeitgemäßer und unterhaltsamer zu gestalten, wählen wir dafür die Quizform. Die Preise, die es dabei zu gewinnen gibt, sind äußerst attraktiv: Umsatzsteigerungen im zweistelligen Prozentbereich. Wie finden Sie das?

Das große EWB-Quiz: Allgemeiner Teil

1. Wie empfinden menschenunkundige Verkäufer Einwände von Kunden?
2. Wie empfinden Sie vor dem Hintergrund Ihrer neu erworbenen Menschenkenntnis Einwände von Kunden?
3. Was beeinflusst Anzahl und Intensität der Einwände, die Ihnen ein Kunde während eines Gesprächs entgegenbringt?
4. Was sagt Ihnen ein konkreter Kundeneinwand?
5. Was tun Sie, wenn Sie an einem Kundeneinwand den Kundentyp nicht erkennen können?

Die Auflösung zu diesen Fragen finden Sie im Anhang auf Seite 165.

Einwände sind gut!

Bringt der Kunde einen Einwand, krampft sich vielen Verkäufern der Magen zusammen, weil sie nicht wissen, wie sie damit umgehen sollen. Macht der Kunde einen sachlichen Einwand wie «zu wenig Drehmoment!», kann man damit umgehen. Doch die meisten Einwände sind eben unsachlich, emotional und nicht auf Anhieb verständlich. Deshalb stressen sie, aber nur typunkundige Verkäufer. Der Verkäufer mit Menschenkenntnis weiß:

Einwände sind typspezifisch! Jeder Kundentyp hat seine typischen Einwände.

Hätten Sie das gedacht? Menschenkenntnis ist magenschonend!

Je größer Ihre Menschenkenntnis, desto kleiner Ihr Stress im Verkauf (in der Beziehung, bei der Erziehung ...).

Auch an seinen Einwänden können Sie den Typ eines Kunden erkennen (wenn Sie es nicht schon während der Gesprächsphasen U und N getan haben).

Einwände sind nicht lästig, ärgerlich oder hinderlich, sondern im Gegenteil oft die deutlichsten Hinweise auf den Typ eines Kunden.

Mit einem Einwand sagt Ihnen der Kunde, was Sie gerade bei der Passung falsch machen und wie Sie es richtig machen können. Der Kunde verrät Ihnen quasi selbst, wie Sie ihn ansprechen müssen, damit er unterschreibt. Ist das nicht äußerst zuvorkommend? Und nun stellen Sie sich mal vor, dass es Verkäufer gibt, die diese faustdicken Abschlusshinweise der Kunden reihenweise übersehen! Da wundert es einen nicht wirklich, dass so viel Umsatz verschenkt wird …

Das große EWB-Quiz: Kunden mosern

Im Folgenden finden Sie Einwände von Kunden, auch nonverbale. Ordnen Sie sie ein (was sagt der Einwand über den Kundentyp?) und skizzieren Sie, wie Sie weitere Einwände dieser Art vermeiden.

1. Ein typischer Ja-aber-Kunde treibt Sie auf die Palme: Egal, welches Argument Sie auch vorbringen, bei jedem zweiten Satz von Ihnen sagt er: «Ja, schon, aber …»
2. Ein Kunde, der formal über die volle Entscheidungsbefugnis verfügt, sagt Ihnen: «Tut mir leid, das kann ich nicht entscheiden, das möchte ich zuerst mit dem Team besprechen.»
3. Während Ihrer Argumentation sitzt der Kunde schweigend da, verzieht keine Miene und fragt auch nichts. Sie denken: «Der hat sich bereits gegen uns entschieden.»
4. Bei einer Präsentation erster Teilergebnisse eines Projektes

eröffnet Ihnen der Kunde, dass er sich einige Punkte ganz anders vorgestellt hat. Wütend denken Sie sich: «Warum hast du das nicht gleich gesagt?»

5. Sie schlagen den Besuch einer Referenzinstallation vor. Der Kunde lehnt ab: «Dass die Anlage woanders läuft, heißt doch noch nicht, dass sie bei uns läuft.»
6. Sie beweisen mit aktuellen Performance-Kennzahlen, dass Ihr Produkt das kostengünstigste und effizienteste ist. Der Kunde wendet ein: «Das Ganze überzeugt mich nicht. Nach meinem Verständnis der Fertigungskette läuft das so einfach nicht.»
7. Ihr Kunde entwickelt in Ihren Gesprächen jede Menge Ideen für weitere gemeinsame Projekte. Doch wenn Sie diese Ideen zeitaufwändig ausarbeiten und dann konzeptionell präsentieren, interessiert er sich kaum mehr dafür.
8. «Nun machen Sie mal halblang, junger Mann. Was reden Sie denn da?»
9. «Sie haben ja keine Ahnung von unserer Branche!»
10. Je mehr und überzeugender Sie argumentieren, desto abwesender oder abweisender wird der Kunde.
11. Sie finden, dass es langsam genug ist und Sie das Prinzip der typorientierten Einwandsbehandlung längst begriffen haben?
12. «So haben wir das aber noch nie gemacht!»
13. «Was soll daran denn neu sein?»
14. «Das brauche ich doch alles gar nicht. Ich will mit meinem ... (PC, Drucker, Digitalkamera ...) doch bloß ...!»
15. «Nun weichen Sie doch nicht ständig aus! Sagen Sie klipp und klar, wie Sie das handhaben wollen!»
16. «Das hört sich in der Theorie gut an, aber in der Praxis funktioniert das bestimmt nicht!»
17. «Junge Frau, nun übertreiben Sie mal nicht!» Oder auch: «Kommen Sie mal wieder auf den Teppich herunter!»
18. «Das ist ja alles schön und gut, aber was bringt uns das konkret?»

19. «Man kann doch nicht immer alles an Zahlen festmachen!»
20. «Auf dem Papier sieht das ja ganz gut aus, aber Papier ist geduldig!»
21. «Hätten wir diese Spezifikation nicht vorhin schon festlegen müssen?»
22. «In Ihren Unterlagen ist ein Tippfehler!»

Die Auflösung zu diesen Fragen finden Sie im Anhang auf Seite 163 f.

8. Der krönende Abschluss

*«Erfolgreich sind wir nur,
wo wir nützen, nicht wo
wir ausnützen.»*
EMIL OESCH

Wie kriege ich den Kunden schnellstmöglich zum Abschluss?

Diese Frage bewegt jeden Verkäufer. Jeden? Betrachtet man die Frager mal genauer, fallen einige Besonderheiten auf:

Die meisten von ihnen verkaufen hauptsächlich über Produkt und Preis. Ihre und des Kunden Persönlichkeit spielt bei der Beratung keine besondere Rolle. Sie halten kaum Rapport, reden mehr oder weniger häufig am Kunden vorbei, weil sie seinen Typ nicht erkennen und auf ihn eingehen (können). Sie machen so gut wie keine Bedarfsanalyse und die Typanalyse recht unfundiert «aus dem Bauch heraus», damit sie ohne Umschweife sofort mit ihrer Argumentation loslegen können.

Sie erzählen allen Kunden ungefähr dieselben 08/15-Argumente; egal, welcher Typ der Kunde ist – und sind auch noch stolz auf diese «bewährte» Argumentation! Sie provozieren mit ihrer weitgehend rapportfreien und typenlosen Beratung jede Menge Einwände, die sie unreflektiert dem Kunden in die Schuhe schieben: «Der stellt sich unmöglich an!» Weil sie ihre Kunden nicht typspezifisch ansprechen (können), verkaufen sie nur jenen Kunden gut, die zufällig ihrem eigenen Persönlichkeitsprofil entsprechen.

Und dann wundern sich diese Verkäufer doch tatsächlich, warum sie so abschlussschwach sind, und verlangen gierig nach

«Rezepten und Tipps, wie ich den Kunden schneller zum Abschluss kriege».

Wer in der Abschlussphase nach Rezepten ruft, hat vorher schon so viel falsch gemacht, dass selbst ein nobelpreisverdächtiges Rezept nicht mehr viel retten könnte.

Glücklicherweise sind Sie inzwischen vor dieser Selbstsabotage geschützt.

P ersönlichkeit: Sie wissen, dass für den Abschluss nicht das Produkt, sondern die Persönlichkeit ausschlaggebend ist. Sie kennen Ihr eigenes Persönlichkeitsprofil und wissen, welche Kundentypen positiv und welche negativ darauf reagieren.

R apport: Sie wissen, dass die Passung zwischen Verkäufer und Kunde wichtiger ist als alle Sachargumente. Sie halten diesen Rapport in allen Gesprächsphasen. Ihre Prioritäten sind klar: erst der Rapport, dann die Sachargumente (bei schwachen Verkäufern liegen die Prioritäten gerade umgekehrt).

U ntersuchungsphase: Sie beobachten die Signale des Kunden und erkennen so seinen spezifischen Kundentyp.

N utzenargumentation: Sie formulieren Ihre Argumente so (um), dass sie zum erkannten Typ passen wie der Schlüssel ins Schloss.

C ontra: Weil Sie derart typenorientiert argumentieren und ständig den Rapport halten, macht der Kunde kaum Einwände.

K ontrakt: Aus diesen Gründen ergibt sich der Abschluss schnell, leicht und praktisch von alleine, weil aus Sicht des Kunden eben alles passt. Er fühlt sich verstanden und gut beraten, weil Sie seine Persönlichkeit verstehen und ansprechen (können).

PRUNCKstück und Menschenkenntnis sind der Autopilot, der Sie automatisch, schnell und vor allem leicht zum Abschluss führt.

Darüber hinaus beschleunigen Sie Ihre Abschlüsse erheblich, wenn Sie wissen, wie sich die einzelnen Kundentypen in der Abschlussphase verhalten. Dieses Schlüsselverhalten betrachten wir jetzt.

Der Kurzentschlossene

Frage: Sie erkennen in der U-Phase des Kundengesprächs einen spontanen, hoch flexiblen P-Kunden. Welches Abschlussverhalten können Sie erwarten, und wie führen Sie ihn schnellstmöglich zum Abschluss? Überlegen Sie kurz oder blättern Sie nach, bevor Sie die Auflösung lesen.

Antwort: P-Kunden zeigen zwei Arten von Abschlussverhalten. Sie sind entweder kurz entschlossen oder unentschlossen. Sie legen sich entweder spontan (ein J-Verkäufer würde sagen: übereilt) fest oder halten sich endlos alle Türen offen.

Weil viele Verkäufer das nicht wissen, sabotieren sie sich selbst, indem sie kurz entschlossene Kunden doch tatsächlich vor dem Spontankauf ausbremsen: «Moment mal, so weit sind wir noch nicht, schauen Sie sich doch erst mal die technischen Produktdaten an, bevor Sie sich entscheiden!» Der Verkäufer meint es damit nur gut. Er möchte den Kunden vor einer übereilten Entscheidung bewahren. Doch er macht sich damit seinen Abschluss kaputt. Wenn der Spontankunde nämlich nicht spontan kaufen darf, dann kauft er oft überhaupt nicht!

Silke, Verkaufsingenieurin, erzählt: «Neulich auf der Messe kommen zwei Topmanager an unseren Stand, schauen sich nur kurz das Exponat an und ordern dann gleich drei Modelle – für zusammen fast eine halbe Million! Drei Wochen später ruft ihr Werksleiter an und brüllt ins Telefon, dass die Geräte überhaupt nicht in das Fertigungsschema passen. Wir haben umgehend einen Kundendienstler zur Anpassung rausgeschickt – aber der springende Punkt ist doch: Wie können die beiden Manager so etwas Gravierendes übersehen? Die können das Geld doch nicht so unüberlegt zum Fenster rauswerfen!»

Doch, das können sie und das *wollen* sie vor allem – weil sie extreme P-Persönlichkeiten sind. Wir erkennen daran:

Stellung schützt nicht vor Charakter.

Selbst Topmanager mit Millionengehältern können (ohne Menschenkenntnis-Training!) ihre Persönlichkeit nicht einfach an der Garderobe abgeben. Wie gut für Sie. Das erleichtert Ihnen den Abschluss ganz enorm …

Unbewusst hat es Silke richtig gemacht: Sie hat den Spontankunden den Spontanabschluss erlaubt und nach dem Abschluss die nötigen Anpassungen vorgenommen. Sie hat nicht versucht, die Kunden «richtig», das heißt so umfassend zu beraten, dass sie ihren Fehler gleich gar nicht begehen. Denn:

Wenn Sie einen Spontankunden «richtig» beraten, kauft er oft nicht mehr, weil es ja nicht mehr spontan ist!

Der Spontankunde kauft nicht so sehr, weil das Produkt gut ist (das muss es natürlich auch sein), sondern vielmehr, weil er gerne *spontan* kauft. Also stehen Sie dieser Neigung nicht unnötig im Weg! Man könnte auch sagen: Charakter schlägt Produkteigenschaft. Wenn der Kunde spontan (detailliert, visionär, extravertiert …) sein möchte, dann halten Sie ihn nicht mit Produktvorteilen auf!

Der Kunde weiß nicht, was er will!

«Jetzt bearbeite ich diesen Kunden schon Monate, habe ihn ein Dutzend mal besucht – und er kann sich immer noch nicht entschließen! Will der mich auf den Arm nehmen?» Natürlich nicht. Er ist lediglich ein P-Kunde, und wenn dieser nicht spontan abschließt, dann zögert er den Abschluss oft endlos hinaus. Warum? Weil P-Kunden sich ungern festlegen. Das heißt: Wenn Sie einen unentschlossenen P-Kunden haben,

- dann hören Sie auf, ihn von den Vorteilen Ihres Angebots überzeugen zu wollen. Daran liegt es nicht! Der Kunde ist schon überzeugt – er will sich bloß nicht festlegen.
- erkennen Sie, dass er schlicht Angst davor hat, sich jetzt festzulegen und es nachher zu bereuen.
- halten Sie ihm deshalb alle Hintertürchen offen – denn nur das kann ihn dazu bewegen, doch noch abzuschließen.
- bauen Sie in Ihr Angebot eine (für den Kunden!) ausreichende Anzahl von Ausweichoptionen und Alternativen ein, die er nach dem Abschluss nutzen kann, wenn er es sich in einigen Punkten anders überlegen sollte.
- sprechen Sie diese Ausweichmöglichkeiten explizit an: «Wir können den Deal jetzt perfekt machen. Sollte es sich in einigen Tagen herausstellen, dass diese Konfiguration nicht läuft, dann können wir ganz unbürokratisch auf die Alternativ-Konfigurationen A, C oder F ausweichen. Was meinen Sie?»
- begehen Sie auf keinen Fall den typischen J-Verkäufer-Fehler, den P-Kunden auf eine verbindliche Zusage «festzunageln».
- verkneifen Sie sich insbesondere Sprüche wie: «Lassen Sie uns jetzt Nägel mit Köpfen machen», «Was darf es denn sein? A oder B?» Mit solchen Sprüchen werfen Sie P-Kunden aus dem Gespräch, brechen den Rapport, bringen sich selbst um den Abschluss oder provozieren zumindest viele Einwände, die Sie nicht einordnen können.

P-Kundenpflege

Damit dürfte auch klar sein, wie die Kundenpflege eines P-Kunden aussieht: massig Change Requests. So heißen die Änderungswünsche von Kunden insbesondere im Projektmanagement. Der J-Kunde legt sich beim Abschluss fest und bleibt auf Biegen und Brechen dieser Festlegung treu. Änderungswünsche äußert er nur selten, denn er hält sich an die Maxime: «Abgemacht ist abgemacht.»

P-Kunden dagegen werden Sie mit Änderungswünschen geradezu überschwemmen. Die Ingenieure in der Fertigung treibt das regelmäßig auf die Palme: «Gestern sagt der Kunde so und heute so. Kann er sich denn nicht irgendwann für eine Variante entscheiden?» Nein, kann er und will er nicht. P-Kunden schließen überhaupt nur unter der Voraussetzung ab, dass sie es sich hinterher noch unbeschränkt oft anders überlegen dürfen. P-Kunden sind jene Kunden, die auch jedes zweite Weihnachtsgeschenk umtauschen, weil sie es sich anders überlegt haben ...

Keine Frage offen

Wie kriegen Sie J-Kunden leicht und schnell zum Abschluss?

J-Kunden unterschreiben, wenn alles geordnet, geregelt und vereinbart ist.

Kurz: Wenn keine (Kunden!-)Frage mehr offen ist. P-Verkäufer torpedieren sich beim Abschluss selbst, indem sie sich oft genug entnervt fragen: «Wann kommt der Kunde denn endlich zum Ziel? Warum müssen wir dieses Detail denn jetzt auch noch regeln? Das ist doch völlig unnötig!» Nein, ist es für den J-Kunden eben nicht!

Übrigens, welches Kundenmerkmal lässt die eben zitierte Klage des Verkäufers noch erkennen? Ganz eindeutig das eines S-Kunden, eines Pragmatikers. Denn nur ein SJ-Kunde würde *Details* regeln wollen. Welche Abschlusshemmnisse würden Sie von einem NJ-Kunden erwarten? Zum Beispiel Was-wenn-Einwände: «Was ist, wenn der Entwicklungsleiter eine Sonderanwendung anmeldet?» Der P-Verkäufer denkt entrüstet: «Aber diese Eventualität ist doch an den Haaren herbeigezogen!» Mag sein, doch N-Kunden denken gerne in Was-wenn-Szenarien. Wenn der Visionär dazu noch ein ausgeprägter Organisierer ist, dann möchte er diese Eventualität eben vor dem Abschluss regeln und vereinbaren.

Womit können Sie die Abschlussbereitschaft eines J-Kunden noch anregen? Mit dem, was jeder J-Kunde liebt: mit Zusagen. Machen Sie das ruhig so explizit wie möglich: «Ich kann Ihnen für die übernächste Woche die Lieferung von 25 Einheiten XY in der Ausführung B2 zusagen.» Das klingt recht einfach, doch das kriegen P-Verkäufer meist nicht hin.

Nach der letzten Internet-Pleite fragten viele NJ-Kunden ihre Bankberater, wenn diese ihnen neue Fonds verkaufen wollten: «Aber was ist mit meinem Geld, wenn der Markt wieder überraschend absackt?» Eigentlich eine verständliche Frage, die jedoch viele P-Verkäufer überfordert.

Ihre Standardantwort: «Das kommt darauf an, wie stark er absackt.» Auf eine solche unverbindliche Killerantwort hin unterschreibt kein J-Kunde – oder nur nach kraftraubenden und langwierigen Überredungsversuchen. Clevere Bankberater treffen dagegen eine Regelung (J-Signalwort!) über einen Stop-Loss oder schlagen einen Garantiezins-Fonds vor, der genau diesen Eventualfall regelt. An solchen Beispielen sehen wir:

> ***Es ist in der Regel nicht der Kunde, der den Abschluss sabotiert, sondern der Verkäufer, der den Kunden nicht versteht.***

Eine andere Art der Selbstsabotage ist es, den Typ eines Kunden zwar korrekt zu erkennen, ihm aber zu wenig Typspezifisches zu geben. Viele P-Verkäufer nehmen zum Beispiel an, dass mit ihrer Antwort die Frage des Kunden «geregelt» ist – doch für den Geschmack des J-Kunden ist die Regelung unzureichend. Viele Bankkunden empfinden zum Beispiel die Stop-Loss-Regelung als unzureichend, weil sie ihrer Bank einfach nicht mehr trauen. Mit einem Garantiezins jedoch betrachten sie die Sache buchstäblich als geregelt. Das heißt:

Was eine ausreichende Regelung ist, bestimmen nicht Sie, sondern allein der J-Kunde. Wenn es Ihnen nicht schon seine Körpersprache verrät, dann fragen Sie ihn im Zweifelsfall eben: «Sind Sie mit dieser Regelung zufrieden?»

Bauchkunden treffen Bauchentscheidungen

Wann ist ein Bauchkunde abschlussreif? Ganz einfach:

Bauchkunden unterschreiben dann, wenn sie sich mit Ihrem Angebot rundum oder zumindest überwiegend wohl fühlen.

Für Verkäufer mit etwas Empathie sind Bauchkunden ganz einfach zu «knacken»: Man muss lediglich auf jedes Signal von Unwohlsein eingehen – und der Kunde unterschreibt! Klingt einfach? Sie können sicher sein, dass jedes Rezept, das so einfach ist, in der Praxis falsch angewandt wird.

Als Kunden erleben wir es doch ständig, dass wir Dinge sagen wie «Na, so richtig wohl fühle ich mich damit noch nicht», und der Verkäufer darauf antwortet: «Aber mit diesem Modell sind alle unsere Kunden zufrieden!» Was hilft dieses T-Argument einem F-Kunden? Zaubert es sein Bauchweh weg? Im Gegenteil! Es nimmt zu – und die Abschluss-Chancen des unkundigen Verkäufers ab. Deshalb:

- Spüren Sie das latente Unwohlsein des F-Kunden auf.
- Womit? Natürlich mit Fragen: «Sie fühlen sich nicht wohl damit? Was stört Sie?»
- Reden Sie ihm die Antwort darauf bloß nicht aus! (Diesen Fehler begehen die meisten Verkäufer.)
- Akzeptieren Sie sie lieber und bestätigen Sie sie vor allem: «Ja, das verstehe ich. Das ist eine wichtige Überlegung.»
- Verkneifen Sie es sich, von sich aus eine Lösung vorzuschlagen – denn Sie wissen nicht wirklich, was der Kunde fühlt.
- Fragen Sie den Kunden nach einer Lösung, denn nur der Kunde weiß, was der Kunde fühlt: «Was kann ich tun, damit Sie sich wohl damit fühlen?»
- Wenn der Kunde daraufhin einen unerfüllbaren Wunsch äußert, tun Sie ihn nicht als unerfüllbar ab, sondern verhandeln Sie über einen Kompromiss.
- Der Kompromiss muss noch nicht einmal sachlich ausreichend sein. Bauchkunden honorieren in der Regel schon Ihre Mühe, auf ihre Gefühle einzugehen, mit einem Abschluss.

Das ist irrational? Richtig erkannt. Bauchkunden entscheiden irrational. Wollen Sie ihnen das verbieten oder den Abschluss und damit Sie beide glücklich machen?

Wann fühlt sich ein NF-Kunde (visionärer Bauchmensch) mit Ihrem Angebot wohl? Wenn er sich mit dem groben Überblick, den Sie ihm über Ihr Angebot gegeben haben, mit dessen Möglichkeiten und Chancen, mit der Vision des Angebots wohl fühlt.

Wann fühlt sich ein SF-Kunde (pragmatischer Bauchmensch) so wohl mit Ihrem Angebot, dass er unterschreibt? Wenn er sich mit allen Details, die er nachgefragt hat, wohl fühlt.

Kopfkunden treffen Kopfentscheidungen

Wann unterschreibt ein Kopfkunde? Einfache Merkregel:

Ein Kopfkunde unterschreibt, wenn es logisch ist.

Welche Voraussetzungen müssen Sie also im Gespräch herstellen, damit er unterschreibt? Kopfkunden unterschreiben,

- wenn die Vorteile Ihres Angebots die Nachteile überwiegen. Da die Nachteile im Kopf des Kunden herumspuken, müssen Sie sie fragend ans Tageslicht holen, damit Sie jedem Nachteil zwei Vorteile gegenüberstellen können.
- wenn der Kopfkunde alle Zahlen, Daten und Fakten hat, die er für eine logisch konsise Entscheidung braucht.
- wenn Sie sich erfolgreich die üblichen emotionalen Tricks verkniffen haben, die Verkäufer gerne im Kundengespräch einbauen. Je trockener, objektiver und emotionsloser Sie beraten, desto eher unterschreibt er. Oder wie eine Verkäuferin meinte: «Mr. Spock ist der ideale Verkäufer für Kopfkunden.»
- wenn die individuelle(!) Kosten/Nutzen-Rechnung aufgeht.
- wenn Sie nachweisen können, dass Ihr Angebot effektiv und effizient ist. Kopfkunden erwarten, dass Sie den Unterschied zwischen Effizienz und Effektivität kennen. Kennen Sie ihn?
- wenn Sie harte, quantitative Fragen auch hart und quantitativ beantworten konnten. Viele F-Verkäufer machen das nicht. Sie beantworten quantitative Fragen qualitativ.

Der Kunde fragt zum Beispiel den Kontakter einer Werbeagentur: «Wie hoch ist der Response, den ich mit dieser Werbemaßnahme erziele?» Worauf der Kontakter antwortet: «Extrem hoch. Viel höher als mit den meisten anderen Maßnahmen.» Der T-Kunde reagiert allergisch auf solche Antworten und denkt: «Ja was denn nun? Wie viel ist ‹extrem hoch›, in harten Zahlen?» Die meisten Kundenberater erkennen noch nicht einmal, dass ihre qualitative F-Antwort einem quantitativ denkenden T-Kunden nicht genügt. Sie fragen empört: «Aber ich habe dem Kunden doch gesagt, dass der Response extrem hoch ist. Genügt ihm das denn nicht?» Nein, er wäre sogar mit einem geringeren Response zufrieden – wenn der Verkäufer seine Antwort quantifizieren würde, zum Beispiel: «Sie können pro Tausend Euro Kosten mit 25 Spontananrufen rechnen.»

Pragmatiker zum Abschluss führen

Pragmatiker unterschreiben dann, wenn alle für sie relevanten(!) Details möglichst *umfänglich* und *vollständig* geklärt sind. Das Problem ist nun leider, dass N-Verkäufer meist nicht detailkompetent sind. Nicht weil es ihnen an Fachkompetenz mangeln würde, sondern weil sie sich schlicht nicht vorstellen können, dass es Kunden gibt, die sich «für einen derartigen Kleinkram interessieren» – auch wenn sie diesen Kunden täglich begegnen.

Außerdem schaffen sie es nicht, sich in die Praxis des Kunden einzudenken und die angesprochenen Details in dieser konkreten Praxis zu erläutern. Sie erklären lieber abstrakt, am Prinzip, am größeren Zusammenhang oder – ganz schlimm – an Fallbeispielen und Referenzen. Das überzeugt den S-Kunden nicht, weil ihn keine Referenzen interessieren, sondern seine eigene Praxis. Wenn Sie einen Pragmatiker zum Abschluss führen wollen,

- sollten Sie sich (fast) so gut auskennen wie er selbst.
- sollten Sie jedes kleinste Detail seiner Bedarfswelt kennen und damit umgehen können.
- sollten Sie sich schon vor dem Gespräch in seine Anwendung einarbeiten, quasi hospitieren, sich darin einleben.
- verkneifen Sie sich das, was viele N-Verkäufer gerne machen: die vielen Möglichkeiten des Produktes darzustellen. Das turnt den S-Kunden total ab. Denn er ist nur an einer einzigen Möglichkeit interessiert: seiner eigenen Anwendung.

Pragmatiker lassen sich eben nur von Pragmatikern überzeugen. Das gilt übrigens generell:

Introvertierte lassen sich nur von Introvertierten überzeugen, Bauchmenschen nur von Bauchmenschen, Spontankunden nur von ... Wenn Sie also einen ... überzeugen wollen, reden und verhalten Sie sich wie ein ...

Visionäre zum Abschluss führen

Visionäre unterschreiben dann, wenn sie sich für eine Idee, eine Vision begeistern können. Nun sind die meisten Produkte und Angebote per se wenig visionär. Was hat beispielsweise ein Tapeziertisch an Visionärem an sich? Wenn Sie die Unterschrift eines Visionärs wollen,

- streichen Sie das Visionäre, Prinzipielle, strategisch Bedeutsame an Ihrem Angebot heraus.
- enthüllen Sie die größeren Zusammenhänge hinter Ihrem Angebot.
- passen Sie Ihr Angebot nahtlos in die Vision und Strategie Ihres N-Kunden ein. Das setzt voraus, dass Sie diese kennen. Woher? Aus der U-Phase des Gesprächs.
- verkneifen Sie sich, was viele S-Verkäufer gerne machen: den Kunden mit technischen Details zuzutexten. Das schreckt den N-Kunden ärger ab, als wenn Sie den Preis um fünf Prozent erhöhen würden! Denn ein um fünf Prozent teureres Produkt kaufen N-Kunden selbst in diesen schlechten Zeiten – wenn die Vision hinter dem Produkt so strahlend ist, dass der Kunde gerne ein Aufgeld bezahlt, um in den Genuss dieser tollen Vision zu kommen.

An Stelle eines Nachworts: Herzlichen Glückwunsch!

Was macht einen Spitzenverkäufer aus? Klar, seine Fachkenntnis und sein Fleiß, aber vor allem: seine Menschenkenntnis. Warum gibt es so wenige Spitzenverkäufer? Weil Menschenkenntnis für den normalen Menschen und Verkäufer etwas sehr Ungewohntes ist. Sie wird nicht im Elternhaus vermittelt, nicht an der Schule, nicht in der Lehre und an den Universitäten auch nicht. Das ist gut für Sie!

Denn indem Sie diese Seite umblättern, haben Sie sich einen riesigen Vorsprung vor dem Mitbewerbern geholt. Allein dadurch, dass Sie sich durch die zurückliegenden Kapitel gelesen und gearbeitet haben, haben Sie sich systematische, valide, reliable, wissenschaftlich fundierte und vor allem hoch wirksame Menschenkenntnis erworben. Sie haben Ihren Grundkurs in Menschenkenntnis erfolgreich bestanden. Herzlichen Glückwunsch!

Ihre neue Kompetenz wird in der Verkaufspraxis umso besser wirken, je häufiger und intensiver Sie sie anwenden, üben und trainieren. Deshalb legen viele, vor allem Spitzenverkäufer, immer mal wieder ein Aufbau- oder Auffrischtraining oder ein Coaching ein. Wenn Sie das auch möchten oder wir Sie auf andere Weise in Sachen Menschenkenntnis oder im Verkauf unterstützen können, tun wir das jederzeit gerne. Sie erreichen uns unter

Stöger & Partner
Denken und Handeln für Morgen
Poinger Straße 44
D-85570 Markt Schwaben
Tel. 0049 (0) 81 21 41 4 20
E-Mail: buero@stoegerpartner.de
www.stoegerpartner.de

Anhang

Auflösung zum Teil «Was fällt Ihnen dazu ein?» (auf Seite 91)

Um die erste Frage beantworten zu können, brauchen Sie etwas Menschenkenntnis, Verkaufserfahrung oder Empathie, Einfühlungsvermögen: Cornelia verursacht mit ihrer flapsigen Antwort einen Rapportschaden. Wir befragten den Kunden nach dem Gespräch:

«Waren Sie mit dem Gespräch zufrieden?»

«Nein.»

«Was löste Ihre Unzufriedenheit aus?»

«Als die Beraterin nicht wusste, was BVI ist.»

«Ist das nicht eher eine Kleinigkeit?»

«Aber eine entscheidende: Ist das ein neutraler Verband, der eine neutrale Empfehlung ausspricht, oder eine bessere Werbeagentur, die nur Werbung macht, der man nicht glauben kann?»

«Wie beurteilen Sie den präsentierten Fonds?»

«Die Beraterin hätte sich die restlichen 20 Minuten des Gesprächs sparen können. Wenn ich nicht weiß, ob das Angebot seriös ist, ist mir der Rest auch egal.»

Harte Worte. Aus wessen Mund? Warum sagt der Kunde das? Weil der präsentierte Fonds nichts taugt? Nein, weil der Kunde offensichtlich ein Realist, ein Pragmatiker, ein Detailfan ist. Darüber hinaus hat er eine starke Organisationsneigung: Alles muss in Ordnung, geregelt sein. Solange die Frage mit dem BVI nicht geklärt ist, ist für ihn nichts geregelt.

Warum sieht Cornelia das nicht? Warum begeht sie im Gegenteil sogar einen Rapportbruch, indem sie die Frage des Kunden lächerlich macht? Weil sie eine Visionärin ist: Sie arbeitet seit acht Jahren bei der Bank, hat aber noch nie nachgeschlagen, wofür BVI steht – obwohl BVI praktisch auf jedem Verkaufsprospekt mindestens einmal steht. Sie ist außerdem eher flexibel und spontan veranlagt: Für sie spielt es keine Rolle, ob man weiß, was BVI ist oder nicht.

Wie hätte sie den Rapportschaden und letztendlich den verpatzten Abschluss vermeiden können? Indem sie erst einmal erkannt hätte: «Aha, der Kunde stellt sich nicht doof an, er folgt lediglich seinem Ordnungs- und seinem Detaildrang.» Indem sie zweitens erkannt hätte: «Ich bin eher visionär und flexibel. Also sollte ich jetzt doppelt aufpassen, was ich sage.» Und indem sie drittens das gesagt hätte, was der Kunde offensichtlich erwartete: «Der BVI ist der Bundesverband aller Unternehmen, die Fonds anbieten und verkaufen.»

Ist das Fakt? Nein, das ist eine Mutmaßung, die jeder hätte treffen können, der die beiden Verhaltensmuster des Kunden erkannt hätte: Der Kunde wäre mit dieser Antwort höchstwahrscheinlich zufrieden gewesen. Denn mit dieser Antwort wäre die Sache für ihn geregelt gewesen. Tatsächlich steht BVI für «Bundesverband Investment- und Assetmanagement». Das wäre die korrekte Antwort. Doch einen Organisierkunden interessiert korrekt nicht, er will lediglich eine «geregelte» Antwort.

Auflösung zu «Sind Sie ein guter Frühaufklärer?» (auf Seite 102)

Und hier die Auflösung unseres Typenrätsels:

1. S: Ein deutlicher Hinweis auf einen Realisten.
2. N-Kunden stehen auf Ideen, Konzepte und Visionen.
3. Extravertierte sind gerne unterwegs.
4. Der I-Kunde hat nichts gegen Sie, er ist bloß introvertiert.
5. Ein F-Kunde lebt seine Launen und Stimmungen aus.
6. Ein deutlicher Hinweis auf eine J-Tendenz.
7. T-Menschen ist die Stimmung nicht so wichtig.
8. P-Kunden finden nichts dabei.

Auflösung zu «Das große EWB-Quiz: Allgemeiner Teil» (auf Seite 144)

1. Als lästig, störend, hinderlich, zeitraubend, unnötig, dumm, naiv ... kurz: als negativ.
2. Idealerweise als Hinweis darauf, was dem Kunden noch fehlt, damit er unterschreibt.
3. Wenig qualifizierte Verkäufer klappen bei dieser Frage ratlos den Mund auf. Sie glauben, dass an Einwänden ausschließlich der Kunde schuld ist. Sie übersehen, dass man Einwände auch provozieren kann. Ein guter Verkäufer vermeidet von vornherein 50 bis 80 Prozent der potenziellen Kundeneinwände, indem er – und das ist die Antwort auf diese Frage – eine fundierte Bedarfsanalyse macht und eine typspezifische, passgenaue Argumentation pflegt. Wenn Kunden Einwände erheben, liegt es nämlich meist daran, dass der Verkäufer an Bedarf, Motiven und Bedürfnissen vorbeiberät oder dass er so argumentiert, wie es eben nicht dem Typ des Kunden entspricht.
4. Immer zwei Dinge auf zwei Ebenen: Auf der Sachebene sagt Ihnen ein Einwand, was den Kunden sachlich stört. Auf der menschlichen Ebene – und diese ist viel wichtiger –, dass Sie mit Ihrer Argumentation seinen Typ noch nicht ganz getroffen haben, der Rapport noch nicht hundertprozentig ist. Denn: Je besser die Passung, desto weniger Einwände!
5. Nachfragen. Beispiel: «Das sagt mir jetzt nicht zu.» Nachfragen: «Warum nicht?» Fragen Sie einfach so oft nach, bis hinter dem Sacheinwand das typspezifische Einwandsmotiv aufscheint.

Auflösung zu «Das große EWB-Quiz: Kunden mosern» (auf Seite 145)

1. Wenn ein Kunde ständig «ja, aber» einwendet, heißt das nicht, dass er ein Rechthaber, sondern lediglich, dass er ein einge-

fleischter T-Kunde, ein Kopfkunde ist. Er prüft jedes Ihrer Argumente unbewusst und automatisch auf Plausibilität und Korrektheit. Argumentieren Sie logisch stringent(er). Da es manchem Kopfkunden nie genau genug sein kann, werden Einwände nie ganz zu vermeiden sein – werten Sie sie einfach um. Betrachten Sie sie nicht länger als Einwände, sondern als Ergänzungen und bemühen Sie Ihrerseits die Ja-aber-Rhetorik, zum Beispiel: «Ja, das stimmt, die Börsen bewegen sich derzeit seitwärts – aber es ist doch völlig logisch (Signalwort!), dass diese Seitwärtsbewegung irgendwann zu Ende ist.»

2. Verkäufer mit mangelnder Menschenkenntnis nehmen hierbei spontan und verärgert an, dass der Kunde sie hinhalten möchte. Dabei ist es lediglich ein E-Kunde, der mit anderen Menschen reden muss, um denken und sich dann entscheiden zu können. Solo trifft ein E selten Entscheidungen. Bedrängen Sie den Kunden nicht, sondern gehen Sie auf ihn ein: «Gute Idee. Was brauchen Sie an Argumentationshilfen, um das Team richtig informieren zu können?»
3. Eher nicht. Er ist möglicherweise nur introvertiert. Stellen Sie ihm eine (offene!) Frage, um seine tatsächliche Meinung zu erfahren, zum Beispiel: «Was halten Sie bislang von unserem Angebot?»
4. Weil ihn niemand danach gefragt hat! Der Kunde ist introvertiert. Das heißt: Selbst brennende Wünsche wird er Ihnen nicht ohne weiteres auf die Nase binden. Im Gegenteil, sie müssen ihm erst alles aus der Nase ziehen.
5. Unkundige Verkäufer nehmen an, dass der Kunde mit diesem Einwand den Verkäufer einen Lügner nennt. Kundige Verkäufer wissen, dass das nicht stimmt, sondern nur ein typischer I-Einwand ist: Alles, was von außen kommt, taugt nicht viel. Argumentieren Sie innerhalb der Firma des Kunden, also mit konkreten Anwendungen/Anwendungsmöglichkeiten aus der Firma.

6. Will der Kunde Sie auf den Arm nehmen? Hält er Ihre Zahlen für gefälscht? Das scheint dem Unkundigen so, doch der Menschenkenner weiß: Das ist lediglich ein N-Kunde, der nicht viel von detaillierter Analyse hält. Er vertraut lieber seinem intuitiven Verständnis der groben Zusammenhänge. Also verlassen Sie die analytische Argumentation und gehen Sie zum großen Bild, den Möglichkeiten und Zusammenhängen über.
7. Will der Kunde bloß Ihre Zeit stehlen? Nein, er interessiert sich lediglich viel stärker für Ideen als für deren Realisierung – ein typischer Intuitiver. Bewegen Sie ihn dazu, die Realisierung der Projekte an Realisten zu delegieren (deshalb heißen diese auch so).
8. Will der Kunde Sie provozieren? Nein, er handelt aus Notwehr. Er ist introvertiert und fühlt sich von Ihrer (E-)Wortlawine überrollt.
9. Das fassen unkundige Verkäufer spontan als Beleidigung auf. Das ist es jedoch nicht. Hiermit meldet ein S-Kunde lediglich an, dass Sie ihm bislang noch zu wenig über Ihre Praxiserfahrung (in *seiner* Praxis!) verraten haben. Holen Sie das nach.
10. Eines der häufigsten Probleme im Verkauf, bei dem meist die Lösung das Problem ist: Je mehr Sie zu überzeugen versuchen, desto weniger lässt sich der Kunde überzeugen. Warum? Weil es meist ein N-Kunde ist. Und N-Kunden stehen nun mal nicht auf epische Erklärungen und Überzeugungsversuche. Die möchten selbst die kompliziertesten Produkte und komplexesten Produktvorteile möglichst in nur einem einzigen Satz erklärt bekommen: kurz, kompakt, klar. Probieren Sie es einfach. Schalten Sie die Argumentation in Romanlänge ab und fassen Sie Ihr aktuelles Argument in einem einzigen Satz zusammen. Hellt sich die Kundenmiene auf, haben Sie den N-Kunden erkannt und überzeugt.
11. Was bedeutet das? Dass Ihre N-Tendenz zum Vorschein

kommt. N-Verkäufer trainieren ungern. Wenn sie etwas verstanden haben, glauben sie manchmal, dass sie es deshalb bereits können. Frage: Verstehen Sie das aerodynamische Auftriebsprinzip? Und können Sie deshalb einen Jumbo fliegen? Üben Sie lieber etwas Trockenschwimmen, bevor Sie im Kundengespräch absaufen.

12. Damit will der Kunde Ihren Vorschlag nicht schlecht machen, auch wenn sich das so anhört. Er sagt damit nur: «Ich bin ein J-Kunde, und Sie verstoßen gerade gegen meine gewohnte Ordnung.» Zeigen Sie ihm, wie Ihr Vorschlag in seine gewohnte Ordnung passt.
13. Manche N-Kunden finden ein Angebot nur dann gut, wenn es neu ist. Bei manchen Produkten kommt es jedoch überhaupt nicht auf Neuigkeit an, sondern auf Leistung, Qualität oder Preis. Aber wenn der N-Kunde etwas Neues hören will, dann zählen Sie ihm bloß nicht neu verbesserte Details (das interessiert bloß den S-Kunden), sondern zum Beispiel ein neues, innovatives Konstruktions- oder Funktionsprinzip auf, das in Ihrem Angebot steckt.
14. Ein Klassiker unter den Einwänden. Viele Verkäufer tendieren zum Intuitiven – wissen es aber nicht! Deshalb stellen sie bei einem Produkt/Service automatisch ganz begeistert die Dutzenden berauschenden und vielfältigen Möglichkeiten vor, die sich dem Kunden damit eröffnen. Was die meisten Verkäufer nicht wissen: Das überzeugt nur den N-Kunden! Der S-Kunde dagegen bringt den zitierten Einwand vor, weil er mit einer oder ganz wenigen ganz konkreten Anwendung(en) im Hinterkopf zu Ihnen kommt und ausschließlich für diese Anwendung(en) eine Beratung möchte. Dass das Produkt darüber hinaus noch jede Menge andere Möglichkeiten bietet, irritiert ihn eher. An diesem Einwand erkennen wir wieder einmal:

Produktvorteile sind oft das Gegenteil von Produktnutzen.

15. Aha, der Kunde möchte ein Patentrezept hören. Also ist er ein J-Kunde – und der Verkäufer ein P-Verkäufer, den solche Kunden aufregen: «Die wollen immer nur Patentrezepte!» Es hilft aber nichts: Der Wurm muss dem Fisch schmecken, nicht dem Angler. Unsere Empfehlung. Legen Sie sich deshalb zum Wohl des Kunden auf eine der vielen Möglichkeiten fest, die Ihnen vorschweben.
16. Typischer S-Einwand des gestandenen Praktikers. Sie haben bei Ihrer Argumentation zu sehr den übergeordneten N-Aspekt betont. Gehen Sie stärker auf die konkrete Anwendung des Kunden ein!
17. Nein, Sie übertreiben nicht, Sie sind lediglich begeistert von Ihrem Angebot. Das haben Ihnen die Verkaufstrainer doch beigebracht mit wohlfeilen Sprüchen wie: «Nur wer selber brennt, kann andere entzünden!» Der Spruch ist Käse, weil Begeisterung nur bei Bauchkunden funktioniert. Kopfkunden hassen begeisterte Verkäufer. Sie halten sie für unseriös.
18. Ein weiterer Einwand, der demonstriert, dass sich der Verkäufer zu sehr von seiner Begeisterung mitreißen ließ: Der T-Kunde verlangt nach ZDF (Zahlen, Daten, Fakten)!
19. Das meint zumindest der Bauchkunde, der allergisch auf einen T-Verkäufer reagiert. Mit etwas mehr Gefühl, Interesse und Verständnis für die Lage des Kunden vermeidet man solche Einwände.
20. Das kann zweierlei bedeuten. Entweder beschwert sich hier ein S-Kunde, dass er zu viel Theorie und zu wenig von seiner konkreten Praxis hört. Oder es beschwert sich ein Bauchkunde, dass Sie zu sehr mit ZDF und zu wenig mit den Befindlichkeiten aller Betroffenen argumentieren. Wie finden Sie es heraus? Richtig, durch nachfragen.
21. Hier spricht ein J-Kunde, dem Ihre Vorgehensweise zu wenig geordnet und transparent erscheint. Vereinbaren Sie gemeinsam einen Gesprächsleitfaden und halten Sie sich daran.

22. Meine Güte, hat der Kunde nichts anderes zu tun, als in Prospekten nach Druckfehlern zu suchen? Nein, und das ist gut so. Denn daran erkennen Sie ihn als ausgeprägten und detailverliebten Realisten. Bestärken Sie ihn darin: «Wo ist der Fehler? Aha, das muss ich mir gleich anstreichen (auch wenn Sie es längst schon wissen). Das müssen wir natürlich beim nächsten Druck korrigieren. Danke für den Hinweis.»

Weitere Titel aus dem Orell Füssli Verlag